KB066327

교사로서 내 상처와 마주하고

회복하는 여정에 함께하실

_____ 님께 드립니다.

교사 상처를 치유하는
교사를 위한 회복적 생활

교사를 위한 회복적 생활

초판 1쇄 발행 2023년 11월 15일

지은이 | 송주미

발행인 | 최윤서
편집 | 김은아
디자인 | 김수경
마케팅 | 최수정
펴낸 곳 | ㈜교육과실천
도서문의 | 02-2264-7775
인쇄 | 031-945-6554 두성 P&L
일원화 구입처 | 031-407-6368 ㈜태양서적
등록 | 2020년 2월 3일 제2020-000024호
주소 | 서울특별시 중구 창경궁로 18-1 동림비즈센터 505호
ISBN 979-11-91724-42-4 (13370)

책값은 뒤표지에 있습니다.
저작권법에 따라 한국 내에서 보호를 받는 저작물이므로 무단 전재 및 복제를 금합니다.

교사 상처를 치유하는
교사를 위한 회복적 생활

송주미 지음

교육과실천

"아픈 아이의 이면에는 아픈 어른들이 있고, 아픈 어른들의 이면에는 아픈 사회가 있다."

저자는 이렇게 말하며 아이들의 문제 행동을 개인적 차원으로만 바라보는 우리의 습관적 의식에 제동을 걸고, 문제를 보다 근본적이고 사회 구조적으로 바라볼 힘을 준다. 이어지는 교사의 치유 여정 역시, '교사 내면의 감정과 생각, 신념과 조건화'라는 미시적 관점에서 출발해 '연대와 공동체 감각 회복, 그리고 교육 철학'이라는 거시적 차원으로 확대해 간다. 덕분에 독자는 교사 자신과 교육에 대해 다각적으로 성찰할 기회를 얻을 수 있다. 이 책은 내면의 힘을 회복하게 하는 구체적 실습도 제공한다. 그 실습을 찬찬히 따라가다 보면 어느새 마음의 상처가 치유되고 용기를 얻게된다. 마치 사랑 가득한 선배가 후배 교사의 처진 어깨를 따뜻하게 다독여주는 듯하다.

무엇보다 이 책은 생생한 현장 경험과 진정성으로 큰 감동을 준다. 학급에서 발생한 '도난 사건'에 대해 범인을 색출하는 방식이 아니라, 서클을 통해 건강하고 따뜻한 공동체의 힘으로 해결해 가는 과정, 국어 수업 중에 다툰 학생들을 대화로 평화롭게 중재하는 장면 등은 우리에게 학생들의 문제 행동을 다루는 비폭력적이고 평화적인 교육 방식에 대한 큰 배움을 준다.

학생들의 문제 행동은 성장 과정에서 발생하는 자연스러운 행동으로, 학생의 인성에 대해 지나치게 비난하거나 악마화해서는 안 된다. 저자는 저항하는 학생에 대해 교사가 'power-up(강요하는 힘)' 상태나 'power-down(눌리는 힘)' 상태가 아니라 'power-with(상호 협력적 관계 맺기)' 상태에서 저항에 함께할 때 비로소 진정한 교육이 가능해짐을 실례를 통해 보여 준다. 'power-with' 상태의 관계는 교사가 애쓰지 않아도 되고, 오로지 중요한 것은 사랑을 회복하는 일이라고 말한다. 진정한 변화와 성장은 방어적인 힘이 아니라 건강하게 관계하는 힘을 통해 이루어진다는 것이다.

교사를 위해 쓴 글이지만 이 책은 학생들의 아픔과 학부모의 아픔에 공감하며 모두의 상처 회복을 향한다. 내면의 상처 치유와 건강한 공동체 회복을 바라는 모든 이에게 이 책을 적극 추천한다.

박숙영 • 〈회복적 생활교육을 만나다〉 저자, 평화비추는숲 대표

✦ ✦ ✦

모든 상처는 아픔과 상실을 만들고 회복을 필요하게 만든다. 송주미 선생님은 진심으로 교사 상처를 마주하고 그 고통과 함께하면서 치유의 길을 만들어 왔다. 회복을 위한 또 하나의 이정표를 만들어 준 것에 감사드린다. 수많은 교사들이 새로운 세대와 만나는 최전선에서 상처받고 회복하는 도상에 있다. 회복을 위한 저자의 제안과 그 여정에 여러 선생님들이 함께하기를 바란다.

김현수 • 〈교사 상처〉, 〈선생님, 오늘도 무사히!〉의 저자,
별의친구들 대표, 정신과 전문의

✦ ✦ ✦

교사들이 아프다. 교사이고 싶기에 더욱 아프다. 고통의 이유를 찾기 힘들기 때문에 교사 열 명 중 여덟 명은 다시 태어나면 교사가 되고 싶지 않다고 한다. 대한민국 교육의 최대 위기다. 가르칠 수 있는 용기가 필요한 시대가 되었다. 저자는 18년이란 오랜 기간 동안 상처받은 내면의 아이를 탐구하고, 스스로를 치유하면서 모은 정수들을 이 책 안에 모두 쏟아부었다. 이 책을 통해 교사들이 공동체 안에서 함께 회복하고, 다시금 교육의 희망을 노래하는 소리가 방방곡곡에 메아리치기를 소망한다.

김찬 • 인천 선학중학교 교장, 새학교네트워크 인천 대표

✦ ✦ ✦

아이들의 성장을 위한 공동체인 학교가 서로를 향해 깊어져 버린 불신과 치유되지 못한 상처로 또 다른 고통을 만들어 내는 지금의 현실에서, 이 책은 다시 교사로서 내면의 힘을 찾아 교육 공동체를 회복할 수 있다는 희망과 가능성을 알려 준다. 아이들의 성장과 교육 공동체의 회복을 고민하고 실천해 온 송주미 선생님은 교사가 교육 현실의 피해자가 아닌 생존자이자 교육 주체로서 다시 살아갈 수 있음을 보여 준다.

저자는 나를 사랑하고 인정하는 힘으로 자기를 돌보며 내 안의 상처와 마주하는 용기로 치유를 시작하고, 공동체 안에서 연결을 통해 회복의 토대를 만들어 갈 때 교사로서 다시 일어나 단단하게 설 수 있다고 말한다. 교사를 옭아매고 있는 비합리적인 신념을 해체하고 알아차림과 돌봄으로 자신을 지켜 가는 여정을 소개하며, 두렵고 아프지만 다시 교사로 살아가는 도전에 초대한다.

저자의 안내에 따라 원리를 이해하고 연습한다면 자기 돌봄과 치유로 시작하는 작은 실천이 주춧돌이 되어, 교사로서 내 안의 진정한 힘과 자아를 느끼고 발견하게 될 것이다.

서정기 • 회복적정의 평화배움연구소 에듀피스 대표

차 례

교사로서 내 상처를 마주하고
회복하는 여정

이 책은 생활 교육과 관련해 선생님들을 실질적으로 돕는 책이 있어야 한다는 출판사와 나의 의기 투합으로 작년 가을부터 쓰기 시작했다. 책이 나오기까지 교사 4명이 스스로 목숨을 끊었다. 지난 6년간 약 100명의 교사가 극단적 선택을 했다는 기사가 나왔다. 언론에 나온 수많은 악성 민원의 사례를 보면서 그동안 묻어 둔 나의 먹먹한 아픔도 수면 위로 올라왔다. 아마 많은 선생님들이 나와 같았을 것이다. 상처를 회복하기 위해 간절하게 고민하고 노력했던 시간과 방황 속에서 찾은 방법들을 아픈 선생님들과 나누고 싶은 마음이 더 절실해졌다.

그동안 나는 비폭력 대화와 회복적 생활 교육, 교사 마음 돌봄 연수를 안내하면서 많은 선생님들과 서클로, 혹은 개인적으로 고민과 마음을 나눠 왔다. 선생님들의 고민과 아픔은 정말 다양했지만, 모든 이야기는 하나의 진심 어린 열망을 향하고 있었다.

"교사이고 싶다"

뜨거운 아스팔트 위에서 교권 보호와 생활 지도권을 보장하라는 수만 교사의 외침은 교사의 생존권과 함께 우리 아이들의 생존권을 지키려는 몸부림이다. 더 이상 초경쟁 사회에서 인간성까지 무너지는 아이들이 나와서는 안 된다는 양심 있는 사람들의 목소리다. 사회의 비뚤어진 가치로 인해 망가지고 있는 학교 교육을 바로잡겠다는 다짐이다. 학교와 교사가 학생들에게 올바른 가치가 무엇인지 교육하는 역할을 제대로 할 수 있도록 도와 달라는 호소이다. 무엇보다 빠르게 변화하는 사회 속에서도 변하지 말아야 하는, '인간의 존엄성'을 지키려는 교사들의 애씀이다.

그런데 그렇게 중요한 역할을 해내야 하는 교사들의 마음이 아프다. 상처투성이다. 이 상처는 교사로서 품은 열망을 실천하면서 존재할 때 진정으로 회복할 수 있다. 교사들 스스로 내면의 아픔과 상처를 따뜻하게 돌보고, 교사로서 열정과 사랑을 회복하여 교육 활동에 자신 있게 나서야 한다.

내 아픔과 상처 마주하기

이 책에는 교사로서 내 아픔과 상처를 마주하고 회복한 여정이 담겨 있다. 이런 상처는 도대체 왜, 어디서부터 시작되었을까를 고민한 내용이 1장이다.

제대로 된 도움을 받지 못하고 현장에서 재생되는 상처를 가지고 있는 교사들이 많다. 2장에는 그동안 배웠던 심리 치유 방법들을 가져와 교사 스스로 자기 돌봄을 할 수 있는 방법을 안내하였다. 내 감정과 신념에 따뜻한 마음으로 공감하고, 그런 나를 격려하면서 아픔으로 표현되는 소중한 사랑을 회복하고 이를 표현해 보는 과정을 담았다. 어떤 힘든 마음도 2장의 제목 순서대로 적용하면 천천히 회복될 수 있다.

3장에는 더 깊이 자신의 '내면 아이(어릴 적 심리적 상처로 인한 내면의 신념과 조건화)'를 만나고 돌보는 과정을 정리하였다. 내면의 깊은 상처는 다음 세대에 대물림된다. 아이들을 만나는 어른들은 내면 아이의 작용을 알아차리고 돌봄으로 스스로를 먼저 회복해야 한다.

교사는 교육 철학을 세우고 이를 실천하는 존재

4장에는 공동체에서 함께 회복하기 과정을 소개한다. 학교는 공동체성을 배우는 공간이다. '공동체성'이라는 단어는 단지 서로를 배려하고 위하라는 계도식 가르침이 아니다. 진정으로 주변의 사람들과 인간적인 만남을 가진다는 의미로, 교사부터 학교 교직원 공동체를 만들어 가는 과정을 담았다. 교사들이 먼저 민주적 공동체의 구성원으로 지내는 것을 체화할 수 있는 학교 시스템을 소개한다.

학생들과 함께 가꾸는 공동체에서도 우리는 회복할 수 있다. 서클 대화로 친밀한 관계 만들기, 문제 해결하기 등 몇 가지 사례를 실었다. 학생들과의 서클 대화에서는 '서로 인간성을 느낄 수 있는 지점'이 가장 중요하다. 내 옆의 친구도 나와 같은 사람이라는 것을 알도록 하는 것이다.

교사들의 마음 나누기 공동체 활동도 추천한다. 자기 마음을 발견하고 이해하도록 서로 거울이 되어 비춰 주는 모임, 그래서 삶의 뿌리를 단단히 하는 데 도움이 되는 모임이면 좋겠다. 교내, 교간 전문적 학습 공동체에서 함께 나누어 볼 만한 활동지도 담았다. 함께 나누면서 참고하면 좋겠다.

오랫동안 학교에서 교육 활동을 실천하면서 어떤 교사가 되어야 할까, 학생들을 사랑한다는 것은 무엇일까, 나는 왜 이렇게 애쓰며 살아갈까, 무엇이 옳고 맞는 행동일까에 대해 진지하게 고민하고 탐색을 이어 왔다. 그에 대해 지금까지 정리된 생각을 5장에 담았다. 선생님의 생각과 다를 수 있다. 함께 교육 활동을 하는 데 도움이 되는 좋은 의견을 기다린다.

교사는 자신의 교육 철학을 세우고 이를 실천하는 존재로서 역할을 다할 때 회복된다. 우리의 교육 상처는 이를 잃었기 때문에 깊어진다. 따뜻한 사랑으로 교육 철학을 깊이 다지고 이를 실천하면서 뿌듯한 행복감을 느끼며 살아가는 데 이 책이 조금이나마 도움이 되길 바란다.

한참 글을 쓰고 있는데, 중 3인 큰아이가 뉴스를 보면서 '엄마가 진행하는 교사 치유 과정에 저 선생님이 오셨다면 도움이 되지 않았을까?' 말했다. 아이의 마음이 느껴지는 이 말이 책을 쓰는 내내 큰 힘이 되었다. 가까이에서 내 활동을 지켜보며 진심을 알아 주고 응원해 준 많은 이들에게 직접 전하지 못한 감사의 말을 이 글로 전한다.

1장

교사 상처

교사로서의 정체성 혼란,

무엇을 가르쳐야 할지 모르는 공황 상태,

이것이 지금 우리들의 모습이다.

무너진 교권,
혼란스러운 교사

꿈에 그리던 교직 생활을 2년도 채우지 못한 서울 지역 새내기 교사의 죽음은 그동안 학교에서 벌어지는 많은 문제 상황을 견뎌 온 교사 상처의 깊이가 이제 턱밑까지 차올랐다는 사실을 보여 준다.

이 과정에서 수면 위로 드러난 학생과 학부모의 악성 민원과 협박, 폭행 등의 행동은 상식을 뛰어넘는다. 인격 모욕과 신체 폭행을 견디는 일도 어렵지만, 교사들에게 더 상처로 남는 부분은 교육 구성원들이 교사를 '서비스하는' 도구적 존재로 인식한다는 점이다. 몸의 상처, 정신적 상처 이후에 찾아오는 교사로서의 정체성 혼란, 이제는 무엇을 가르치고 실천해야 할지 모르는 공황 상태, 그것이 지금 교사들의 모습이다.

'아이가 학교에서 넘어져 반깁스를 했으니 매일 차로 집까지 데리러 와 달라', '아이가 교실에서 모기에 물렸는데 교사는 뭘 했느냐', '대변 뒤처리를 특정 물티슈에 정수기 물로 적셔 닦아 달라'*는 등의 요구들은 교사들에 대한 도구적 인식을 명확히 보여 준다. 다음의 사례들도 비슷하다.

A 선생님은 분노조절장애가 있는 학생의 담임이다. 학생은 친구를 때리거나 심한 장난을 치며 친해지고 싶어했다. 친구들이 너무 힘들어서 이런 장난을 받아들이지 않으면, 자신의 몸에 상처를 내고 자해를 하여 어떻게 해서든지 자신에게 관심을 집중시키려고 했다.

한번은 이런 행동이 위험하다는 담임교사의 제지에 닥치는 대로 물건을 집어던져 교실을 난장판으로 만들었다. 학교에서는 도저히 조치할 수가 없어 부모에게 조퇴를 시키겠다고 하였는데, 부모는 오히려 '아이가 폭발할 때까지 학교에서 뭘 했냐', '자해할 때 교실에 있으면서 아이를 관리했냐', '친구들이 자기 아이에게 욕을 했기 때문에 분노한 것이다. 학교 폭력으로 신고하겠다'는 등의 민원을 제기했다.

분노에 휩싸인 학생을 위클래스나 보건실, 도서관에서 안정을 취하도록 하면 '학생의 수업권을 왜 지켜 주지 않느냐', '아이를 수업에서 제외했으니 아동 폭력으로 신고하겠다'는 등의 민원으로 다시 한번 담임교사를 협박한다.

이런 말과 행동에 교사는 적극적으로 대응하기가 어렵다. 아니, 할 수가 없다. 교사를 보호할 수 있는 법도 없지만, 중요한 것은 학생들과 학부모에게 교사는 더 이상 가르치는 사람으로서 존중받는 존재가 아니기 때문이다. 사회적으로 교직의 위상이 땅에 떨어졌고, 이것은 교권을 보호하는 법을 만든다고 해결되지 않는다. 교사는 거대한 관료 시스템의 말단에서 민원인들을 최전선에서 상대하는 사람으로 전락해 버렸다. 너무나도 당연하게 개인적 요구를 교사의 의무라고 생각하는 사회적 분위

---

* 네이버 뉴스

기가 팽배해져 이제는 교사들도 자신의 역할이 무엇인지 혼란스러울 정도다.

B 선생님은 학교 폭력 사안을 담당하는 교사이다. 학교 폭력 신고가 접수되면 학교폭력법에 따른 절차를 밟아야 한다. 피해 관련 학생의 피해 호소를 듣고, 학생 확인서를 작성하고, 정확한 상황 파악을 위해 교사가 양쪽 학생들 면담도 해야 한다. 학교에서는 전담 기구 회의를 연다. 그러면 회의 자리에 피해 관련 학생과 부모가 학교에 내방하여 어떤 피해가 있었는지, 갈등 조정의 의사가 있는지, 일이 어떻게 해결이 되었으면 좋겠는지 전담 기구 위원들에게 이야기를 해야 한다. 이것은 법적 절차로 피해 관련 학생과 학부모가 당연히 거쳐야 하는 일이다.

사안을 살펴보니 쌍방이라고 해도 무리가 없는 일이었다. 학교 폭력 담당 교사는 그 사이에서 여러 번 양쪽 아이들을 만나고 중재하여 사안은 마무리가 되는 듯했다. 그러나 피해를 호소한 학생의 부모는 마지막 전화에서 "사안 처리 과정이 힘드네요. 저희가 피해를 봤는데, 왜 저희가 불편을 겪어야 하나요?" 하고 전담 기구 위원들 앞에서 자신의 이야기를 하는 불편함이 꼭 교사 탓인 듯 말하여 최선을 다한 교사의 사기를 꺾었다.

그저 민원인들의 이야기를 흡수하고 서비스하며 살아가는 교사는 체념과 무기력, 수치심이 한 덩어리가 되어 이제는 하고 싶은, 해야 하는 교육 활동이 무엇이었는지 가물가물할 정도로 혼란스럽다. 결국 교육 활동으로부터 마음이 멀어진다.

선생님들에게 질문하고 싶다.

"만약 위 사례와 비슷한 상황이라면 학생이나 부모에게 하고 싶은 말이 무엇인가요?"

지금 잠시 책 읽기를 멈추고 위 상황을 내가 겪은 상황이라고 생각해 보거나, 그동안 참아 온 선생님의 개인적인 경험이 있다면 그때 하지 못한 이야기를 한번 소리내어 후련하게 말해 보면 좋겠다. 혹시 다음 내용과 비슷하지는 않을까?

"부모님과 저희는 아이의 성장을 위해 협력하는 관계입니다. 교사의 말과 행동에서 잘못된 점을 말씀하시기보다 이해하는 마음으로 함께 협력해 주세요. 저도 아이가 교실에서 친구들과 잘 어울리는 것을 보고 싶습니다. 그러나 여러 명이 함께 있을 때, 해서는 안 되는 행동에는 교사가 단호한 조치를 취할 수 있도록 협력해 주세요. 아이에게도 공동체 생활에는 경계가 있다는 것을 알려 줘야 합니다. 친구들을 때리고 협박하는 행동이 매우 위험하고 다른 친구들에게 큰 피해를 주고 있다는 점을 이해해 주세요. 그리고 마음이 아프시겠지만 아이를 위해서 이 행동은 치료가 필요한 일이라는 것을 인정하고 도와주세요."

"부모님, 학교폭력법에 의해 이루어진 절차입니다. 그 과정에서 학생과 부모님이 겪는 불편함은 일어날 수밖에 없어요. 이런 불편함까지 교사에게 호소하니 당황스럽습니다. 저희가 이 과정에서 중재를 위해 노력하고 애써 온 부분을 이해해 주시면 좋겠습니다."

"학생, 학교 폭력 피해 사안을 용기 내어 신고하고 중재까지 참여해 주어서 고마워요. 삶에서 힘든 일을 뛰어넘을 때는 많은 노력이 필요해요. 노력은 쉬운 일이 아니지만, 불편함을 겪는 것 자체가 노력이고 용기입니다. 이런 불편함을 피하려 한다면 아무것도 얻을 수 없어요. 이번 사안에서 불편함을 피하지 않고 잘 경험한 자신에게 고맙다고 애썼다고 격려하면 좋겠습니다."

글을 읽으면서 이렇게 말해도 되나 조마조마할 수도, 아니면 시원했을 수도 있다. 그동안 선생님들은 늘 학부모와 학생의 기분을 살펴 가며 같은 말도 부드럽게 들리도록 얼마나 노력해 왔는가. 마음 한켠에 갈등을 피하려고 했던 마음이 분명히 있었을 것이다. 하지만 위의 말 속에는 교사로서의 소신과 철학이 분명하게 담겨 있다.

'부모와 교사는 아이의 성장을 위해 협력하는 관계이다', '학급은 공동체 생활이기 때문에 다른 사람에게 피해를 주는 행동은 안 된다', '교사는 공동체 생활에서 규칙과 경계를 지키도록 안내하는 사람이다', '자신의 선택으로 인한 불편함은 스스로 책임진다', '부모가 자녀 양육 과정에서 겪는 힘겨움에 공감하고 협력하나, 교사도 함께 노력하고 있고 이를 존중받고 싶다' 등의 소신과 철학이다.

만약, 학부모 입장에서 이런 말을 듣는다면 당황스러울 수 있다. 그러나 이렇게 표현할 때 부모는 해당 교사의 교육 소신을 알기 시작할 것이다. 교사가 자기 교육 소신을 밝히지 않으면 부모는 교사를 이해할 수 없다.

이와 같은 '자기 표현'이 자연스럽게 나오려면 자신의 교육 철학을 점검하고, 내 역할을 명료하게 이해하고 있어야 한다. 학교의 기능과 역할에 대해서, 수업을 담당하는 교사로서, 담임교사의 기능과 역할에 대해서, 부장 교사, 학교 폭력 담당 교사 등 자신이 하고 있는 일의 역할을 깊이 이해할 때 이런 자기 표현이 나올 수 있다.

2~5장에서 자기 표현을 연습하도록 돕는다. 다양한 사람들과 다양한 상황에서 만나는 사례를 역할극의 장면으로 구성하여, 자신의 교육 소신을 생각해 보고 자기 표현을 연습하도록 한다.

교사는 '교육 철학을 바탕으로 교육 과정을 자율적으로 실천하는 존재'다. 그러나 끊임없이 주변의 영향을 받고 도구적 존재로 살아간다면 이것 자체가 이미 존재의 이유를 잃은 것과 같다. 여기서 생기는 혼란스러움과 무가치함이 교사 상처를 일으킨다. 교육 철학을 우뚝 세워 흔들림 없이 교육 활동을 실천하고 자긍심을 느끼며 살아가는 존재일 때 교사 상처는 회복된다.

양육 책임을 전가하는 부모, 무력한 학교

아이를 키우는 과정에서 부모는 참 부모가 되어 간다. 아이를 있는 그대로 이해하며 머물러 주고, 바르게 성장할 수 있도록 격려하기도 해야 하는 일이기 때문이다. 아이가 겪는 고민, 실패와 아픔도 함께 겪어야 한다.

실패와 아픔을 겪는 아이를 바라보는 일은 부모에게 매우 힘든 일이다. 차라리 내가 대신 아프면 아팠지, 내 아이는 밝고 행복한 아이로 자랐으면 하는 것이 모든 부모의 마음이다. 그러나 어둠이 있기에 밝음이 존재하는 것처럼, 아픔과 고통을 거치기에 행복도 느끼는 것이 세상과 삶의 자연스러운 이치다. 어릴 때 고난을 겪지 않은 어른은 없다. 지금 내 아이가 겪는 아픔과 고통은, 대나무가 다음 성장을 위해 굵은 마디를 만드는 것처럼, 삶의 힘을 갖추는 중요한 시간이다.

부모는 아이의 어려움과 고통을 함께 겪으면서, 그 속에서 자녀가 삶, 관계, 가치에 대해 깊고 진솔한 의미를 정립할 수 있도록 돕는 사람이다. 그러나 자녀의 고통을 자신의 고통으로 동일시하고, 그 책임을 학교에 전가하여 화풀이 대상으로 삼을 때 교사 상처는 깊어진다.

C 선생님은 학급에 군인인 아버지로 인해 스트레스를 받는 학생이 있어 고민이다. 아버지는 집에서도 일정한 시간에 맞춰 아이가 생활하기를 원했다. 학생은 집에서도 공부와 운동, 수면 시간이 마치 군대처럼 일정했다. 초등학교 때까지는 성적이 잘 나와 괜찮았지만, 중학교에 입학해 공부가 어려워지고 성적이 떨어지기 시작하니 아버지는 잔소리에 더해 체벌까지 시작했다.

아이는 가정에서의 고통을 학교에서 풀었다. 친구들과 싸우고 화가 나면 의자를 발로 차거나 가방을 던지기도 했다. 학생의 위험 상황을 인지하고 어머니에게 전화했지만, 어머니의 반응은 뜻밖에도 '선생님이 아이의 이야기를 받아 주니 아이 마음이 약해졌다'는 말을 했다. 어머니와 아버지는 아이가 더욱 의지 있고 단단한 아이로 성장하기를 원했다.

급기야 아이는 집에서 아버지에게 대들고 가출까지 하게 되었다. 아버지와 어머니는 밤 10시에 교사에게 전화해서 '아이가 지금 어디에 있는지 당장 알아내라'고 했다. 오늘 멀쩡히 학교에 갔는데 집에 안 들어오고 있는 것이 담임교사 탓이라고 했다. 담임교사가 아이를 잘 달래서 집에 들여보낼 생각을 해야 하는데, 아이를 제대로 상담하지 못했기 때문에 아이가 마음이 약해져서 더 바깥으로 나돈다는 말도 함께 했다. 선생님더러 책임지라고 소리를 질렀다.

선생님은 화가 나서, 아버지와 어머니의 훈육 방식을 아이가 견디지 못하고 집에 안 들어가는 것이지 그것을 왜 교사 탓을 하느냐며 하고 싶은 말을 했다. 아이가 가출 중에도 등교를 한다는 것은 학교는 좋아하는 것 아니겠느냐는 말도 덧붙였다.

그러자 학생의 아버지가 대뜸 '집이 어디냐'며 당장 찾아오겠다고 했다. 전화를 조용히 끊었더니, 다음날 학교로 얼굴이 벌개져서 찾아와서는 교감, 교장에게 소리를 질렀다. '애가 가출을 해서 마음이 썩어 들어가는 부모에게 교사가 그럴 수 있냐'며 호통을 쳤다. 교감은 해당 선생님에게 적당한 선에서 끝내자는 말을 하며 사과를 시켰다. 선생님은 다음 해에 전출 신청을 내어 다른 학교로 옮겼는데, 부모가 학교로 전화해 어느 학교로 전출을 갔는지 말하라며 윽박을 질렀다고 했다.

아이의 실수와 흐트러짐이 부모에게는 '실패에 대한 두려움'으로 다가간다. 그래서 아이를 양육하면서 조금의 실수와 나약함도 허용하지 않으려고 한다. 부모의 두려움은 불안감과 초조함으로 아이를 채근하게 되고, 이것이 잘 되지 않을 때 '화'로 번지는데 그 화살을 교사와 학교가 고스란히 맞게 된다.

D 선생님은 특수학급 교사로, 학생 한 명이 원학급에 올라가 수업을 할 때마다 주변 학생들에게 하는 행동이 자꾸 문제가 되어 고민이다. 한 남학생을 좋아하여 그 학생과 친해지기 위해 주변에서 맴돌면서 다른 친구들과 이간질시키기도 하고, 슬쩍 몸을 만지기도 한다. 해당 남학생이 담임교사와 D 선생님에게 항의를 했고, D 선생님도 특수학급 학생을 타일렀다.

경계선 자폐인 아이는 또 다시 원학급에 올라가 문제 행동을 벌였고, 피해 남학생은 학교 폭력 신고에 접수하겠다고 하였다. D 선생님은 학교 폭력 신고를 막기 위해, 특수학급 학생에게 단호한 훈육을 시작했다. 문제 행동을 벌일 때 원학급에 가지 못하는 규칙을 세우기도 하고, 여러 교육을 시켰다. 아이는 원학급에 가겠다며 D 선생님과 몸싸움을 벌이거나 항의 차원에서 학교에 나오지 않기도 했다.

그러던 어느 날 갑자기 경찰로부터 아동 폭력 신고 접수가 되었다는 연락을 받았다. 학부모는 아이의 주머니에 녹음기를 넣어 두었고, 교사가 학생에게 단호한 훈육을 하는 부분과 학생이 거칠게 항의하다가 몸으로 학생을 막는 부분만을 악의적으로 편집하여 경찰에 신고하였다. 후에 알게 되었지만 녹음은 거의 한 달 가까이 진행되었고, 그 시기는 선생님이 아이에 대한 학교 폭력 접수를 막기 위해 최선을 다해 노력하고 애를 쓰고 있었던 시기와 겹쳤다. 그러나 부모는 선생님이 아이를 위해 노력한 부분을 전혀 인정하지 않았고, 소송은 끝까지 계속되었다. 선생님은 큰 충격을 받았고, 그 영향으로 교육 활동 자체가 굉장히 위축되어 이 직업을 계속할 수 있을지 고민중이다.

특수학급 학생의 부모는 마음이 오죽했을까. 특수학급 학생들의 부모는 자신이 아이보다 하루만 더 살고 죽는 게 소원이라고 말할 정도니 학교에서 들려오는 소식에 얼마나 억장이 무너지는 마음일까. 학교에서 조금만 더 도와주고 배려해 주면 좋겠다는 그 마음을 모르지 않는다.

그러나 특수학급 교사는 아이의 성장과 적응을 위해 아주 세심한 것까지 신경쓰면서 노력한다. 원학급 학생들과 끊임없이 교류하며 담당 학생과 원학급 학생들과의 상호 작용을 돕는다. 원학급의 담임교사, 수업 담당 교사들과도 지속적인 협력과 협의를 한다. 그러나 특수학급 학생이 선생님의 교육에도 아랑곳없이 계속해서 피해를 주면, 특수학급 교사의 노력은 수포로 돌아간다.

특수학급 학생들을 위한 행동 교정 기관도 턱없이 부족한 상황에서 행동 교정의 역할, 공동체의 규칙을 지키고 사회성을 기르는 기술을 익히는 역할 등 모든 것을 특수학급 교사가 교육 활동과 더불어 맡을 수밖에 없다. 이런 상황에서 부모가 특수학급 교사의 말을 녹음하여 고발을 하는 것은 학교 현장에서 특수학급 교사의 노력과 역할에 대한 이해 부족과 특수학급 부모의 간절함과 섭섭함이 겹치면서 벌어지는 일이다.

특수학급 학생들은 체험 활동도 자주 나가는데 그 이유가 있다. 볼링장을 처음 가면 아이들이 바닥에 드러눕고, 뛰어다니고, 침을 뱉는 등 멋대로 행동한다. 두 번째 가면 신발은 신고, 세 번째 가면 이제 함께 앉아 있는다. 자주 나가서 식당, 영화관 등을 가는 것도 그렇게 여러 번 경험하면서 규칙을 배우기 때문이다. 그 과정에서 늘 눈물나는 노력을 하는 사람들이 특수학급 선생님들이지만, 한편으로는 더 외롭다. 그토록 눈물겹게 도왔는데 졸업하고 나서는 끝이다. 졸업 후에 학교를 다시 찾아와 선생님의 안부를 묻거나 감사를 표현하는 제자들이 적어 뿌듯함을 느낄 기회도 적다. 그저, 아이들이 직업을 얻고 잘 지내고 있으면 그것으로 되었다는 마음으로 헌신하는 분들이다.

학교 구성원의 주체로서 학부모와 교사는 서로의 상황을 어느 정도로 이해할까? 막연하고 추상적으로 하는 이해는 공감으로 이어지지 않는다. 부모와 교사는 어려운 상황과 힘든 마음을 자주 공유하여 서로 잘 이해하고 있어야 한다. 특히 학교에서 일어나는 상황을 부모가 잘 알고 있어야 한다. 때로 부모가 자녀의 일로 속상할 것이라는 판단과 가정으로, 또는 자녀를 잘못 훈육해 아이가 힘들어질까 봐 걱정하여 부모에게 알리지 않고 교사 혼자 해결해 보려고 애쓰다 부모들의 협조를 받지 못할 때가 있다. 교사가 고민을 하는 만큼 부모에게도 알려서 함께 고민하고 부모의 적극적인 협조 속에서 아이의 교육 방향을 함께 결정하고 실천해 나가야 한다.

E 선생님 학급에서 학교 폭력 사안이 발생했다. 학생 한 명이 다른 학급의 아이 얼굴을 때렸는데, 턱뼈가 부러지고 이 3개가 부러지는 부상을 입었다. 학교 체육 대회 중 E 선생님의 학급 학생이 다른 친구들의 싸움을 말리러 갔는데 본인이 흥분하여 한 아이를 때린 것이었다. 맞은 아이를 구급차에 태워 보내고 때린 아이를 교무실에 데려와 진정시키고 상담을 하는데, 자기도 왜 때렸는지 모른다고 대답하였다. 부모에게 전화했더니 다른 학급 친구들끼리 싸움을 하는데 왜 자신의 자녀가 거기에서 싸움을 말리냐며, 선생님들은 뭘 했냐고 따졌다. 선생님들이 싸우는 아이들을 방치한 것 아니냐며 교육청에 민원을 넣겠다며 소리를 질렀다.

E 선생님은 부모들에게 일단 학교에 와서 대화를 나누자고 이야기하고 전화를 끊었다. 그리고 학교로 찾아온 부모들과 대화를 나눴다. 무조건 학교 책임으로 밀고자 하는 부모를 말린 건 학생이었다. 교사를 매섭게 몰아붙이는 아버지에게 "아빠, 내 잘못이야. 내가 흥분해서 친구를 때린 거야" 말했다. 그 순간 담임교사인 E 선생님은 눈물이 울컥 나왔다. 여러 가지 마음이었다. 아버지는 우는 담임교사에게 더는 쏟아붓지 못하겠는지 그제야 죄송하다고 하였다.

그러면서 알게 된 중요한 사실이 하나 있었다. 아이가 유난히 체격이 작아서 초등학교 저학년 때부터 다른 아이들이 괴롭혔을 때 절대 지지 말라고 권투를 시켰다는 이야기를 하였다. 싸움이 나면 아빠가 다 수습할 테니 절대 맞고 오지는 말아라, 차라리 때리라고 시켰다고 하였다.

아이의 잘못된 인성을 직면하는 것은 부모로서 매우 어렵고 부끄러운 일일 수 있다. 그러나 부모가 잘못된 점을 인정하고 책임지고 사과하고 바로잡는 모습을 보일 때, 아이도 그것을 배운다. 자녀 양육에서 부모 스스로 올바른 인성을 갖추고 본보기가 되는 것은 가장 무거운 책임일 것이다.

해당 부모와 아이는 자발적으로 입원비와 수술비를 감당하는 것은 물론, 피해 관련 학생이 회복될 때까지 일주일에 두 번씩 죽을 가져가는 정성도 보였다. 가장 인상적인 것은, 이 과정에서 가해 학생의 성격이 상당히 많이 안정되고 진중해졌다는 것이다. 부모와 아이가 함께 잘못된 행동에 대해 진솔한 마음으로 책임을 지는 행동을 실천하며 아이는 변했다. 아이는 부모의 뒷모습을 보고 배운다고 한다. 부모의 인격적, 사회적 성숙은 아이에게 대물림될 수 있어 매우 중요하다.

아이에게 보이는 문제 행동의 뒤에는 부모의 잘못된 양육 태도가 있을 수 있다. 아이는 부모의 거울이라는 말이 있듯이, 아이의 모습에서 자신을 돌아보고 부모 스스로 자신을 고쳐 나갈 때 아이도 인격적으로 성숙할 수 있다. 학교와 교사는 부모와 함께 아이들의 성장에 신뢰 관계로 협력할 수 있어야 한다. 그러나 불안한 부모들에게 교사는 협력할 대상으로 보이지 않는다. 게다가 마음을 열고 잘못을 인정하고 고쳐 나가기에는 너무나도 가혹한 사회다.

위기 사회,
불안한 학생들, 더 불안한 어른들

학교에서 드러나는 학생들의 문제 행동의 뿌리에는 위기의 사회가 있다. 많은 아이들이 정서적인 방임과 학대에 노출되어 있다. 아이들은 학교에서 주어진 과제를 해내고, 학원에 갔다가 집으로 온다. 쉬는 시간에는 게임이나 동영상 속에 파묻혀 지내는데, 이것이 요즘 아이들의 일상으로 제한적인 경험도 문제다. 밥을 먹으면 소화를 시키듯이 어떤 경험을 했다면 그 경험 속에서 무엇을 느끼고 배우고 있는지, 궁금한 것은 무엇인지, 더 탐색해 보고 싶은 것은 무엇인지 메타인지적인 인식이 필요하다. 그것이 자신을 느끼고 삶을 만끽하며 살아가는 방법이고, 어른과 아이의 대화에서 가장 중요한 기능이다.

그런데 아무도 아이가 경험하는 것을 궁금해하지 않는다. 기계가 잘 작동하면 그만인 것처럼, 교사나 부모들도 아이들이 학교나 학원을 잘 다녀오고 능력을 갖추면 그만이다. 만일 아이들이 어른들의 기대대로 작동하지 않을 때는 제대로 작동되록 '고쳐' 진다. 잔소리하거나 혼을 내거나 때로는 물리적인 폭력을 써서라도. 아이들은 부모와 교사에게 속

마음을 잘 이야기하지 않는다. 고쳐질 것이 뻔하기 때문이다. 어떤 경우엔 학대에 가깝다.

이런 방임과 학대는 위기의 사회로부터 기인한다. 무한 경쟁의 승자 독식 구조를 가진 우리 사회에서 인정받으며 살아간다는 것은 정말 쉽지 않은 일이다. 경쟁에서 이겨야 하고, 극한의 노력으로 뛰어난 기량을 가져야 한다. 그렇지 않으면 도태된다. 이런 사회에서 부모는 위기 의식 속에서 불안한 마음으로 아이들을 키운다. 위기의 사회가 불안한 학생, 더 불안한 부모를 양산한다.

F 선생님은 황당하다. 학급의 부모가 교장에게 찾아가 담임 교체를 요구했다. 학생은 중학교 3학년 반장으로, F 선생님은 학급 아이들과 추억도 쌓을 겸 주말에 서울 나들이를 하기로 했다. 반장은 한참을 늦었고 결국 함께 가지 못했다. 부모는 아이를 데려가지 않은 게 못내 아쉬웠는지, 아이를 데려가지 않은 것에 대한 항의성 방문을 했다.

그런데 이야기를 들어 보니, 아이가 30분 정도밖에 안 늦었는데 담임 교사가 데리고 가지 않았다는 것이었다. 그러면서 아이가 급히 뛰어가다가 발목을 접질러 크게 다칠 뻔했다면서 어떻게 책임질 거냐고 했다. 선생님은 아이가 1시간이나 늦어서 더 이상 기다릴 수 없어 출발했고, 1시간 반쯤 후에 아이는 그제야 집에서 나온다는 전화 통화를 하다가 다시 돌아갔다고 말했다. 부모는 자기 아이가 거짓말을 했다는 말이냐며 흥분했다.

사실 아이는 조금씩 거짓말하는 버릇이 있었다. 아이의 고백으로는 부모님이 너무 무서운 분이라고 한 것으로 미루어 보아 혼나지 않기 위해 조금씩 거짓말하는 버릇이 생긴 듯했다. 그리고 이 거짓말하는 버릇 때문에 학급 친구들과도 조금씩 문제가 있었다. 여러 번 중재를 한 결과 아이도 나아지고 있었고, 담임 선생님과의 관계도 나쁘지 않았다.

그런데 부모가 다음날 갑자기 학교에 다시 방문해서 학급 반장을 믿지 못하는 담임교사를 교체해 달라고 교장에게 강하게 민원을 제기했다. 반장이 학급 교체를 할 수는 없으니, 담임을 바꿔 달라고 한 것이다. 교장도 이것을 받아들일 수는 없어, 단호하게 교체 거부 의사를 밝혔다. 그러자 어머니가 아이가 특목고에 원서를 쓸 것이고 입시 과정에 담임 면담이 있는데 담임교사가 반장을 거짓말쟁이로 생각하고 있으니 특목고에서 떨어지는 것은 당연한 일이 아니겠냐며 속내를 말했다. 부모에게는 특목고 입시가 가장 불안한 부분이었다.

F 선생님은 아이의 장점을 말하며 여러 번 부모를 안심시켰지만, 결국 아이는 여름 방학 중에 다른 학교로 전학을 갔다. 선생님은 무척 속상했지만, 못내 그 아이가 걱정이다. 우열과 경쟁을 부추기는 사회가 부모를 불안하게 하고, 아이를 압박하여 아이의 인성이 망가지는 전형적인 모습이기 때문이다.

G 선생님은 부모 상담 중에 핸드폰을 열어서 '녹음을 시작하겠습니다. 혹시 말씀 중에 욕설이나 비하 발언이 계속된다면 공무 집행 방해, 모욕으로 경찰에 고발하겠습니다' 라는 말을 당차게 하였다. 아이의 정기고사 서술형 정답의 복수 정답 처리를 요구하는 민원이었다. 여러 번 전화로 불가능하다고 설명했지만, 요구 사항이 받아들여지지 않자 저녁 7시에 부모가 모두 학교에 와서 젊은 G 선생님을 앉혀 두고 훈계하듯이 말하며 학교 시스템을 비난했다. 점점 흥분하여 선생님을 다그치기까지 하자, 참다못한 G 선생님은 녹음을 시작했다. 그랬더니, 그제야 부모는

정중한 말투로 이야기하기 시작했다. G 선생님도 다시 한번 정중하게 복수 정답 처리가 안 됨을 말했고, 그 후 부모는 학교를 상대로 행정심판을 제기하여 3심까지 질문과 답변을 오고 가는 긴 싸움을 시작했다. G 선생님과 해당 교과 선생님들은 6개월 가까운 기간 동안 여러 번 질의서가 오면 서면으로 긴 답변을 해야 했고, 동교과 교사들과 교감, 교장 모두 긴장 속에서 지치고 힘들었음은 말할 것도 없었다.

결국 사안은 기각되었지만, G 선생님은 그 일로 학부모의 전화를 받으면 가슴이 두근거리고 긴장되어 제대로 된 답변을 하기가 어렵다고 했다. 주변 선생님들과 함께 지내기에도 수치스럽고 두려움이 느껴져 공황 증세를 겪기도 했다. 상처는 자주 재발되었다.

H 선생님은 자해를 계속하는 학생 때문에 늘 긴장 속에서 살아간다. 손목을 긋고 SNS에 올리고, 붕대를 하고 오는 학생은 친구 관계 고민, 성적 비관 등 우울과 절망 속에서 지낸다. 아무리 아이와 상담을 하고 격려해도 아이는 나아지지 않는다. 가정에 전화를 하면 아버지는 계시지 않고 어머니 혼자 아이를 키우면서 어머니도 절망 속에 살아간다. 어머니 혼자 벌어서 한 가구를 지탱하고 있어, 아이보다 어머니가 더 위험해 보일 지경이다.

자살하는 학생들이 늘어나고, 자해하는 학생들도 많아지고 있다. 아주 심각한 사회 문제다. 이런 사회 문제를 학교에서 모두 감당하고 지탱하는 것은 불가능하다. 그러니 학교는 일시적으로 방어하는 계기 교육들만 가득하다. 자살 예방 교육, 가정 폭력 예방 교육, 인성 교육, 학교 폭력 예방 교육…. 이런 예방 교육들이 학생들에게 얼마나 다가갈 수 있을까?

위기의 사회가 불안한 어른을 만들고, 불안한 학생들을 만든다. 그리고 절망한 어른을 만들고 절망한 학생들을 만들어 낸다. 문제는 사회다. 사회가 바뀌어야 하는데, 개인의 힘으로는 바꾸어 낼 수 없다는 것을 우리 모두 너무 잘 알고 있다. 학생들은 있는 그대로의 모습으로 존중받지 못하고 소외되고 있다. 이 속에서 교사 상처는 더 깊어지고 학교 교육은 방향을 잃는다.

그냥 이대로 지낼 수밖에 없는 일일까? 그러기엔 학생들이 성인이 되어 살아갈 사회가 더욱 암담하다. 암담한 사회, 불안한 어른들, 황폐한 마음을 가진 학생들…. 이런 상황 속에서 교사는 상처를 개인의 문제로 받아들인다. 자신을 탓하면서 자신감을 잃거나 남 탓, 시스템 탓을 하면서 냉소적인 태도를 갖거나 하며 적극적인 교육 활동을 피한다. 이렇게 탈진된 상태로 실천하는 교육 활동 자체가 다시 소진을 일으킨다.

우리는 어디로 어떻게 가야 할까? 우리가 걸어가는 길 끝에는 어떤 모습이 있을까? 경쟁의식, 우열 의식에서 벗어나 모두가 공평하게 존중받을 수 있는 사회, 한 사람의 개성과 능력이 귀한 대접을 받을 수 있는 사회, 인간으로서 기본적으로 살아갈 수 있는 안전한 장치가 마련되어 있는 사회, 이런 사회를 꿈꾼다면 우리는 그런 사회가 가능하도록 학생들을 교육해야 한다. 그것을 실천하는 것이 우리의 교육 철학이고 소명이다.

나 혼자 실천하는 것이 얼마나 효과가 있을까 모르겠지만, 함께하고 물결이 된다면 분명히 이야기는 달라진다. 어느 기도문에서 '바꿀 수 있는 것과 바꿀 수 없는 것을 분별할 수 있는 지혜'를 구했던 것이 기억이 난다. 그런데 가만히 생각해 보면 바꿀 수 있는 것과 바꿀 수 없는 것의 경계는 혼자 했을 때와, 많은 사람들이 함께할 때가 분명히 다르다. 한 명이 바꿀 수 있는 것은 미미하겠지만, 많은 사람들이 함께했을 때는 바꿀 수 있는 것의 범위가 훨씬 더 커질 것이다. 사회라는 것도 결국 개인이 모인 집단으로, 우리가 함께한다면 바꿀 수 있는 부분이 분명히 더 많아질 것이다.

깨진 학교 공동체,
고립된 교사

나는 오랜 시간 학교에서 학급, 학년, 교직원 공동체가 구성되고 해체
되는 과정을 지켜보았다. 단순한 집단과 공동체는 조금 다른데, 공동체
는 완성되지 않는다. 만들어 가는 과정 자체에서 공동체성을 띄게 되는
데, 특히 학교 공동체의 모습은 몇 가지 특징을 갖는다.

우선, 관계 공동체로서의 특징이 있다. 인간적인 친밀감과 신뢰로 구
성원을 서로 존중하는 과정에서 생기는 소속감에서 공동체의 목표를 향
해 가는 구성원의 순수한 동기가 생기는 특징이 있다. 이것은 학급 공동
체, 교직원 전문적 학습 공동체에서 확인할 수 있는데, 관계가 형성되면
안전한 공간에서 구성원들의 열망이 드러나고 거기에 한 명 두 명 의견
이 보태지면서 구성원들의 자발적 실천으로 공동체가 움직인다.

두 번째로, 공동체의 목표를 향해 함께 협력하는 민주적 공동체로서의
특징이 있다. 구성원들의 자유롭고 다양한 의견들이 드러나고 이것을
토의하고 숙의하는 과정에서 공동체의 비전과 방향성이 다시 확인된다.
구성원들은 방향성을 인식하면서 활동하기에 각자 자리에서 따로 활동

하는 것 같지만 멀리서 보면 한 방향으로 움직이게 된다.

공동체성은 공동체를 열망하는 구성원에 의해 가꾸어진다 그러나, 학교 공동체성이 깨지고 있다.

I 선생님은 한 학기에 두 번씩 교직원 서클 대화를 진행하는 학교에 발령을 받았다. 처음 교직원들과 함께 서클 대화를 하면서, 이렇게 구성원들끼리 마음으로 서로 가까이 지내는 학교가 있다는 것에 매우 큰 감동을 느꼈다. 그러나 그것도 잠시, 너무 가까워진 관계는 끼리끼리 문화를 만들어 내고 있다는 것을 알았다. 친한 사람들 간의 관계가 너무 가까워지고 그 관계에 몇 명의 선생님이 더해지면서 한 무리를 만들었고, 그 그룹에 끼지 못한 사람들에게 위화감을 주었다. 한 무리의 선생님들은 학교의 의견에 같은 목소리를 냈고, 학교에서 추진하려고 하는 사업에 이 선생님들의 목소리가 결정적으로 작용하기 시작했다. 친밀감이 특정한 무리를 형성하고 여러 가지 정책에 힘을 쓰기 시작하면서, 다양한 생각이 드러나지 못하고 관계에 종속된 공동체가 되었다. 관계에 종속된 공동체는 민주적 공동체로서의 기능을 수행하지 못했다.

코로나 기간 동안 학교는 모든 모임과 활동이 최소화되었다. 개인주의, 편의주의가 강화된 사회 모습의 변화로 교사들도 함께 모여 회의하고 논의하는 자리를 꺼리게 되었는데, 이런 분위기도 학교 공동체의 기능을 형성하는 데 어려움이 되었다.

승진 제도도 교직원들의 공동체성을 깨트리는 데 큰 역할을 한다. 승진 제도가 점수제이기 때문에 같은 일을 하고도 점수를 챙기는 사람과 점수를 챙기지 않는 사람 사이에 미묘한 반감이 생긴다. 때로 승진을 위한 사람들끼리 뭉쳐서 집단이 되기도 한다. 이런 분위기는 함께 일을 해 나갈 때 소통과 협력을 방해하고, 교육 활동 위축으로 이어진다.

J 선생님은 학교 관리자들에 대한 경멸과 냉소의 마음이 깊다. 부모의 악성 민원을 막아 주지는 못할망정 적당히 넘기기 위해 J 선생님을 혼내는 척하고 간단히 사과하는 것으로 일을 무마하려고 한 것이 내내 억울하고 속상하다. 관리자들도 선생님을 보호할 제도적 장치가 없다 보니 어쩔 도리가 없는 것은 알지만, 관리자라면 부모에게 교사의 입장과 의도를 전할 필요가 있다고 생각한다. 관리자들이 막상 교사에게 도움이 필요할 때는 외면하고, 학교의 성장을 위해 여러 사업과 정책에 협력하자는 이야기만 하는 것 같아 큰 반감이 생긴다.

교육청도 학교를 돕기보다 관리 감독에 더 바쁘다.

K 선생님은 정서적 위기 학생의 담임으로, 부모의 도움을 받을 수 없었다. 아이의 정서적 문제 행동으로 다른 학생들에게 큰 피해가 발생하고 있어 교육청에 학생을 전담으로 돌보는 인력을 요청했다. 교육청의 답변은 '예산 없음'이었다. 그러면서 학생의 상태를 2~3일 간격으로 보고하라는 지침이 왔다. 담임교사는 학생이 학교에서 일으키는 문제를 기록하고 교육청에 보고하는 업무까지 더해졌다.

학교에서는 수업에도 참여할 수 없는 학생을 몇 명의 교사가 공강 시간에 1~2시간씩 돌아가면서 돌봤다. 각자 자신의 업무가 있는데, 더해서 학생을 1~2시간씩 돌봐야 하는 상황이 되니 과부하가 걸린다. 지속적으로 교육청에 전담 인력을 요청했더니 교육청은 예산을 보내 왔다.

그런데 인력 채용에 필요한 공고, 심사, 인건비 지급, 보험 가입 등 해당 인력 업무 보고에 필요한 모든 일을 학교에서 담임교사가 하도록 되어 있었다. K 선생님은 업무 폭주, 교육청 사안 보고, 아이 돌봄으로 매일 학교에 오는 발걸음이 무겁다. 업무 폭탄에 시달리는 교사에게 공동체를 가꾸고자 하는 열망이 생겨날 수 있을까?

학교에는 아무도 함께 일하고 싶어 하지 않는 '폭탄 선생님'들이 있다. 일을 전혀 하지 않거나, 주어진 업무를 망치고 미뤄 두어 결국 다른 선생님이 하게 한다. 다른 교직원들과 전혀 교류를 맺지 않으려는 선생님도 있다. 어떤 선생님은 일 년 내내 학생, 학부모, 동료 교사들과 싸운다. 자신을 객관적으로 보지 못하고, 모든 것을 남 탓으로 돌리며 여러 구성원들과 싸우는 것이다.

학기 초에는 이런 '폭탄 선생님'들을 어느 부서, 어떤 교무실에서 생활하게 할지를 놓고 큰 갈등이 일어난다. 결국은 나이가 제일 어리거나 수용적인 부장이 이 선생님을 맡아 일 년 동안 극심한 스트레스에 시달리면서 일을 한다. 몇 명의 구성원이 학교 전체의 공동체성을 악화시킨다.

문제는 이렇게 깨어진 공동체에서 교사는 고립된다는 점이다. 안전하지 않은 공동체에서는 고민을 나눌 수 없고, 드러난 문제를 해결할 수 없다. 그래서 어려움이 있더라도 만나서 나누고 상의하고 함께 해결하려는 노력을 기울일 때 조금이라도 덜 무겁게 해결할 방법들이 생겨 난다. 그래서 학교는 공동체여야 하고, 학교 공동체가 살아나야 한다.

학교 공동체의 성패 여부는 '공적인 대화(다이얼로그)'에 있다. 모두의 의견을 탐구하는 자세로 수용하는 공동체, 비전과 목표에 대한 철학적 방법적 고민을 나누는 공동체, 그 비전과 목표 아래에서 구성원의 공적인 관계가 형성되고, 민주적 협의가 가능할 때 배움과 성장이 생기는 진짜 학교 공동체가 이루어진다.

이런 학교 공동체가 가능할까? 그런 공동체를 구성하는 것은 교장이 혼자 할 수 없다. 이것이 가능하려면 구성원들 모두 '공적인 관계'에 대한 권리와 책임을 인식하고 있어야 한다. 공동체 구성원들이 모두 '공적인 관계성', '함께 만드는 공동체의 비전', '함께 문제를 해결하는 책임'을 이해하고 실천해야 한다.

이 구성원에는 학생과 부모도 포함된다. 학부모도 학교의 주체로서 교사들과 협력하고 모든 학생들의 성장을 위해 도울 수 있는 역할들을 적극적으로 발굴하고 행동해야 한다. 그렇게 한다면 '신뢰와 연대 의식' 속에 학교 공동체 구성원들이 균형을 이루며 함께 나아갈 힘을 얻게 된다.

바뀌지 않는 환경,
상처의 재생

K 선생님은 학급 학생의 부모에게 아동 학대 고소를 당했다. 재판은 무혐의로 끝났지만, 가슴이 두근거리는 증상으로 학교생활이 힘들다. 전화가 울릴 때, 동료 교사들과 회의가 있을 때, 부모와 간단한 질의 응답 전화를 할 때도 가슴이 쪼이면서 두근두근하고 때로 호흡 곤란 증상이 와서 최근에는 공황장애 진단을 받았다. 제대로 돌봐지지 않은 마음의 상처는 끝나지 않고 매일 재생된다.

그나마 K 선생님은 교권 침해 인정을 받아 상담 지원을 받을 수 있었지만, 학생이나 학부모로부터 받는 지속적인 크고 작은 상처들이 트라우마로 남아 고통받는 교사들은 아무 지원도 받을 수 없다.

L 선생님은 학생이 두렵다. 학생에게 무언가 말을 한 후 가슴이 두근거린다. 혹시 말실수라도 하지는 않았나 자신의 말을 곱씹어 본다. 학생을 대하는 것이 마치 학생의 부모를 대하듯 매사가 불편하고 긴장되고

마음이 무겁다. 학생들에게 교육적인 훈육을 하려 해도 괜히 이것으로 민원의 대상이 될까 봐 하지 않게 된다.

그렇게 눈치 보며 긴장 속에 근무하다 보면 재미도 없고 의욕도 나지 않는다. 예전 학생들과 부대끼며 울고 웃던 때가 그립기도 하다. 선생님과 대립하는 학생들과 은근한 기싸움 끝에 자기 잘못을 인정하고 선생님 품에 안기던 학생들. 문제를 일으키는 학생들을 불러 떡볶이도 먹이고, 밥도 먹이면서 소통하며 마음 상처가 나눠지던 뭉클한 순간들. 그러나 이제는 기싸움 과정에서 또는 아이들과 개인적으로 하는 상담 때문에 민원이 들어올까 학생들과 편하게 교류하는 것조차 부담스럽다. 교육은 '관계 맺기'라는 말이 무색하게도, 내가 해야 할 최소한의 일들만 하고 학교를 빠져나오는 것이 찜찜하지만 가장 마음 편하다.

교사들은 여전히 아프다. 그리고 더 많이 아프다. 학부모의 악성 민원에 도구적 존재로 살아가는 삶을 살아가는 교사, 양육 과정에서 부모들이 겪는 좌절감과 양육 책임까지 떠맡으며 교육적 소신을 잃은 교사, 무한 경쟁의 사회에서 불안하고 절망한 학생과 부모를 만나는 교사, 깨어진 학교 공동체에서 고립되어 외로운 교사, 제대로 치유하지 못한 상처를 안고 다시 교단에 서야 하는 교사….

'교육은 교사의 질을 넘어설 수 없다', '학생들이 처음 접하는 사회는 학교'라는 말들을 떠올리면, 다가올 미래 세상에 적응할 학생들을 위한 교육과정 개발, 나다움이 우리 안에서 함께 어우러지며 함께 행복한 세상을 만들 주역들을 배양하는 공간으로서의 학교를 만드는 것이 매우 중요하고 시급한 일이다. 그러나 그 주역이 되어야 할 교사들의 마음 상처가 깊다. 대부분 상황이 절대 바뀌지 않을 것이라는 절망과 냉소를 가지고 있다.

이런 마음 상처를 안고 교육 활동을 실천하는 것은 매우 어려운 일이다. 그래서 가장 먼저, 자기 마음 상처를 돌아보고 깊이 공감하며 따뜻하게 안아 주는 돌봄 시간이 필요하다. 상처가 나면 상처에 약을 바르듯, 내 마음 상처에 약이 될 수 있는 자기 돌봄의 시간을 갖기를 제안한다.

내가 실천했던 돌봄의 과정을 이 책의 2장에 정리하였다. 나를 돌보는 힘으로 내 상처를 깊이 이해하고 치유할 수 있어야 한다. 그래야 핵심 문제가 무엇인지 객관적으로 파악하고, 내 힘으로 대처할 수 있다. 그렇지 않으면 상처는 재생되어 나를 압도하게 된다.

2장

자기 돌봄으로 회복하기

슬픔 안에서

소중한 것의 의미를 찾아

희망의 정수박이에 들이붓는* 용기

* 한용운의 '님의 침묵'에서 표현을 빌려 썼다.

자기 비난 멈추기

교직은 업무 전문성, 교육과정과 수업 전문성, 그리고 생활 교육 전문성이 모두 요구되는 직업이다. 어느 하나 소홀히 할 수 없는 것이 확실하지만, 그중 가장 큰 좌절감과 어려움을 야기하는 것은 '관계에서 생기는 문제'다. 교육 활동은 모든 면에서 '관계'를 바탕으로 하고 있기 때문이다.

그런데 사회의 부조리 안에서 교직의 위상은 서비스적 존재가 되어 버렸다. 교사는 구성원 간의 상호 존중 속에서 학생들의 성장을 견인하는 역할에서 멀어져 버렸다. 교육 활동 주체로서의 자긍심, 부모들의 협조 속에 학생들의 성장을 바라보는 뿌듯함과 점점 멀어져 혼란스러운 마음 속에서 소진되어 가고 있다. 교육의 기쁨이 사라진 채로 기계적인 업무 처리와 교육 활동을 반복하며 무기력과 우울감 속에서 학교에 출근하는 발걸음은 무겁기만 하다. 트라우마는 큰 사건에 의해서만 생기는 것이 아니라, 작은 사건이 반복될 때에도 생긴다. 어쩌면 대한민국 교사들은 작게는 우울감이나 무기력감을, 크게는 두려움을 동반한 트라우마 증상까지 가지고 있다고 해도 과언이 아니다.

교직은 기본적으로 돌봄 직업이다. 다른 사람을 돌볼 때는 나에게서 넘치는 힘을 기꺼이 줄 수 있어야 소진되지 않는다. 힘든 몸과 마음으로 수업을 하고 생활 교육을 실천하는 것은 마른 걸레에서 물을 쥐어짜는 것처럼 고된 일이다. 게다가 마음의 상처를 치유하지 못하고 다시 교실 현장에서 학생들과 학부모, 동료 교사들을 만나는 일은 큰 트라우마를 만들 수 있다.

비행기에서 위급 상황 시 부모가 우선 비상 마스크를 착용하고 자녀의 마스크 착용을 돕는 것처럼, 교사도 학생들을 돌보기 위해서 우선 자신부터 치유하고 채워야 한다. 자신의 심신 안정과 보호를 위해 최선을 다하면서 학생들을 만나야 한다. 물론, 최상의 상태에서 학생들을 만날 수 없는 상황도 있을 것이다. 만일 그렇다면 지금 내 몸과 마음이 힘든 상태라는 것을 '인식' 하면서 만나야 한다. 힘든 것을 인식하지 못하고 습관적이고 무의식적으로 일하고 교육 활동을 하는 것은 소진과 트라우마로 이어진다.

이런 자신을 회복하기 위해 많은 교사들이 친구들과 수다 떨기, 운동하기, 연수 듣고 많은 지식 채우기, 나 자신의 문제점 고치기 등 갖은 노력을 다한다. 모두 좋지만, 자신이 어느 정도로 상처받고 힘든지 알아차리지 못하고 '해야 한다' 는 당위로만 살아간다면, 그것 자체가 소진되는 일이다. 나조차 내 마음을 모를 때 혼란은 가중되고 상처는 치유되지 못한 채로 교육 활동에서 소진된다. 내가 나의 상태를 알고 상처를 보살피고 진정한 이해와 위로와 격려로 회복하도록 도와야 한다.

불교에서는 누구나 살아가면서 고통을 겪는다고 한다. 예상치 못한 상황이 일어나기도 하고, 관계 속에서 갈등을 겪기도 하고, 뜻하지 않은 사고와 질병을 얻기도 하는 등 고통은 누구에게나 일어날 수 있다. 이것을 불교에서는 '첫 번째 화살'이라고 한다. 이것은 피할 수도, 없앨 수도 없다.

그러나 더 고통스러운 것은 '두 번째 화살'이다. 두 번째 화살은 첫 번째 화살에 대한 자신의 반응에서 시작된다. 내가 잘못했다는 자기 비난, 관계 속에서 타인이 잘못했다고 평가하며 타인을 비난하는 마음, 절대이 고통이 끝나지 않을 것이라는 판단에서 생겨나는 무기력과 우울 등이 두 번째 화살이다.

그리고 보면 교육 활동도 고통의 연속이다. 체력을 소모하는 일이고, 학생에게 맞는 수업을 준비하고, 끊임없이 학생들을 관찰하고 소통해야하는 일이다. 교육자로서 필수적으로 겪어야 하는 어려움이다. 이것이 교사의 첫 번째 화살이다. 지금은 시대적 고통이 더해져, 이 시대에 교사로 지내기 때문에 생긴 첫 번째 화살들이 있다. 학생, 학부모, 동료 교사, 관리자, 교육청 등 어디에서 어떻게 첫 번째 화살이 날아올지 알 수 없다.

첫 번째 화살을 맞은 교사는 개인적인 반응으로 두 번째 화살을 일으킨다. '내가 능력이 없구나', '내가 교사로서 권위가 없었기 때문에 학생이 나를 친 거야', '내가 문제가 있는 사람이구나' 하는 자책이 꼬리에 꼬리를 물고 이어져 자신을 더 힘들게 한다.

또는 상대방에 대한 마음속 깊은 경멸과 혐오로 이어진다. '요즘 아이들은 정말 이상해', '정말 혐오스러운 사람이야', '학교 시스템이 엉망이군!' 하는 생각에 단절된 마음으로 살아가게 되기도 한다. 그런 마음은 '상황은 절대 나아지지 않을 거야', '나는 아무것도 할 수 없어' 하는 생각으로 이어져 무기력과 우울감이 함께 온다.

더욱 걱정되는 것은 '방어 기제'다. 이런 어려운 마음을 경험하고 싶지 않아 학생들을 대할 때도 '선'을 긋고, 동료 교사들과 마주하는 것도 꺼린다. 부모들과 적극적인 소통도 어려워지게 되면서 교육 활동으로부터 점점 소외된다. 때로는 괴로움에 빠진 자신을 일으키기 위해 스스로를 억압과 통제로 더 몰아붙인다. '더 잘 해내야만 해', '약해지면 안 돼', '좋은 교사가 되어야 해' 하며 아픈 내 마음을 돌볼 새도 없이 자신을 몰아댄다. 이것이 두 번째 화살이다.

두 번째 화살의 특징은 벌어진 상황에 대해 '개인적인 판단과 평가에 의한 반응'이 일어나고, 이것을 진실로 믿는다는 것이다. 두 번째 화살을 잘 관리하지 않으면 자기 삶에 큰 영향을 끼치게 된다. 겉으로는 사람들과 잘 지내는 것처럼 보이지만, 마음속 깊이 두려움과 죄책감, 수치심이 자리잡아 무의식적으로 방어적 행동을 반복한다. 또는 자신을 보호하기 위해 점점 고립이 되기도 한다. 만약 자신이 이런 상태라면 우선 자신부터 구해야 한다.

미국의 신학자이며 윤리학자였던 라인홀드 니버는 "하나님, 바꿀 수 없는 것은 받아들이는 평온을 주시고, 바꿀 수 있는 것은 바꾸는 용기를 주소서. 그리고 그 둘의 차이를 구별하는 지혜를 주소서" 하고 기도했다고 한다. 첫 번째 화살은 바꿀 수 없다. 이 시대를 살아가는 사람으로서, 교사로서 아픔과 상처를 받을 수밖에 없다. 그러나 나 자신에게 두 번째 화살까지 날리고 있지는 않은지 자신의 태도를 돌아보고, 아주 따뜻하게 치유하고 돌보는 시간을 가져야 한다.

첫 번째 화살도, 두 번째 화살도 모두 아픈 일이다. 자신이 어디쯤에서 어떤 화살을 맞고 있는지 알아차리고 천천히 따뜻하게 돌봐야 한다. 뛰다가 넘어져 상처 나고 피가 나면 우리는 정성껏 상처를 씻고 약을 바르고 밴드도 붙여 준다. '호~' 하고 따뜻한 입김도 불어 준다.

피가 나는 상처는 이렇게 정성껏 돌보면서, 마음에 난 상처는 어떻게 돌보고 있는가? 혹시 '으이그, 내가 바보 같아서 넘어졌잖아! 내 잘못이야! 참아야 돼' 하고 피가 철철 나는 마음을 돌보지도 않고 계속 달려가지는 않는가? 아니면 내 상처는 가만 놔두고 '쟤 때문이야!' 하면서 다른 사람에게 찾아가 책임을 묻고 있지는 않는가? 혹은 그냥 앉아서 '나는 상처를 치료할 수 없어' 하고 무기력하게 있지는 않는가?

마음도 똑같이 상처가 나면 아프다. 아픈 건 아픈 것이다. 이유가 뭐가 됐든 아픈 내 마음을 '정말 아팠구나. 많이 아팠구나. 그만큼이나 아팠구나' 하고 따뜻하게 바라봐 주어야 한다. 그리고 상처가 치유될 때까지 공감으로 정성껏 돌봐줘야 한다. 나 스스로 '이제는 괜찮아' 할 때까지 안아 줘야 한다.

나는 지금 어느 지점에 있을까? 혹시 다음 모습 중 하나는 아닐까?

- 모든 상황에 외부(학생, 학부모, 학교 시스템 등)를 비난하고 탓하며 싸우는 교사
- 학생 상담이나 수업 등 모든 것을 자기 무능력으로 생각하고 낙심하고 비관에 빠지는 교사
- 학생들과 소통 없이 직장인 이상도 이하도 아닌 교사
- 습관화된 헌신으로 인해 자신을 챙기지 못하고 소진되는 교사

이런 모습들이 모두 두 번째 화살에 맞고 있는 중으로, 위 네 가지 모습은 하나만 오지 않고 동시에 오기도 한다. 선생님은 지금 첫 번째 화살을 맞고 있는가, 아니면 두 번째 화살을 맞고 있는가? 이 시대 혹은 이 학

교, 이 학생의 담임이기에 겪는 어려움이라는 것을 객관적으로 알고 있다면, 첫 번째 화살을 맞고 있는 중일 것이다. 첫 번째 화살은 객관적으로 이해하고 있기 때문에 스스로 견디고 격려하며 지낼 힘이 남아 있는 상태다.

그러나 두 번째 화살은 견디기 힘들다. 자기 비난, 타인이나 상황을 비난하면서 오는 무기력과 우울감, 습관화된 억압과 통제에서 오는 어려움이라면 자신조차 이 고통과 동일시되어 진실로 믿고 있기에 끊임없이 재생산되는 고통 속에 놓인다.

자신이 어떤 상태인지를 알아차리고 멈춰야 한다. '내가 자기 비난을 하고 있구나', '내가 상황이 나아지지 않는다는 생각을 하고 있어서 무기력하구나', '내가 매일 같은 지점에서 고통이라고 생각하고 있기에 우울해하는구나' 하고 자신을 이해하고 알아차려야 한다. 자신의 상태를 있는 그대로 알고 이해하는 것, 자기 공감을 통해 발견한 자신을 자기 격려와 자기 감사의 힘으로 채워야 한다.

내 감정과 생각에 공감하기

　'공감'을 검색해 보면 정말 많은 방법들과 정의들이 제시된다. 교사 연수에도 공감에 대한 내용이 빠짐없이 등장하는데, 아쉬운 것은 '타인을 공감하는 기술'에 중점을 둔다는 점이다. 아픈 마음을 가진 교사에게 가장 필요한 것은 자기 공감이다. 자신을 충분히 공감해야 다른 사람을 돌볼 수 있기 때문이다.

　타인을 공감하는 것과 자신을 공감하는 것은 차이가 매우 크다. 타인과 대화할 때는 내 속마음에 평가와 판단이 있어도 공감적 대화 기술과 방법을 적용하면 공감이 가능하다. 그런데 자기 공감은 다르다. 이것은 기술과 방법만으로 완성될 수가 없다. 자기 자신을 속일 수가 없기 때문이다. 자기 스스로를 비판하고 자기 비난과 죄책감, 수치심이 가득한데 자기 공감이 가능할까? 나 스스로 상처를 주면서 자신을 공감하는 것은 동시에 일어날 수 없다.

　자기 공감은 스스로 비판하는 모습, 자기 비난과 죄책감, 수치심에 휩싸인 내 상태조차도 있는 그대로 만나고 온전히 이해하고 따뜻하게 바라보는 태도를 기르는 데에서 출발한다. 그러나 대부분 자기 스스로를 있는 그대로 이해하고 수용하지 못한다.

자기 공감이 어려운 이유는 경쟁하는 분위기에서 우월함에 더 가치를 두는 사회·문화적인 영향이 크다. 어릴 때부터 외적인 압력을 많이 받아 왔기 때문에 지금 내 모습에 관대한 마음을 갖기보다 더 나아지기를 '강요'하고 못나 보이는 나를 '분석하고 고치려는' 생각을 무의식적으로 많이 가지고 있기 때문이다. 그래서 자신의 아픈 마음을 만나면 무의식적으로 고치려고 하고, 있는 그대로 따뜻하게 수용하기가 어렵다.

또 나 자신의 어려움과 고통은 함께 있기가 어렵다. 고통을 피하려고 하기 때문에 내가 약하고 못나 보이고 형편없어 보이는 것을 있는 그대로 수용하고 공감하기가 힘들다. 부끄러운 모습, 잘 못하는 모습, 능력 없어 보이는 모습은 사랑할 만한 가치가 없다고 생각한다. 그래서 이런 감정, 이런 모습일 때 자신을 더 숨기려고 하고 회피하려고 한다.

'실력 없는 교사'라는 평가를 듣는 것이 너무 두려운 선생님은 밤새 수업을 준비한다. 온갖 자료와 활동지, PPT를 준비하고 수업을 한다. 물론 이런 노력이 좀 더 나은 가르침을 실천할 수 있도록 하는 것은 확실하다. 그런데 학생들의 돌발 행동으로 수업 진행이 잘 되지 않았을 때, 아이들이 왜 배우지 못하고 있는지 관찰하고 성장으로 이끄는 동력으로 삼기보다 '나는 실력 없는 교사야', '내가 형편없었어'라고 결론짓는다. 그러면서 자신을 '수치심'이라는 감정에 더욱 취약하게 만들어 버린다. 자신의 목표가 학생들을 성장으로 이끄는 수업을 준비하기 위한 것인지, 수업 잘하는 교사로 자부심을 갖기 위한 행동인지 모르는 채로 헌신을 다하여 기계적인 노력을 하는 행동으로 강화하게 된다. 결핍된 마음은 끝이 없기에 그 행동은 점점 더 강화되고, 소진되는 정도도 커진다.

자기 공감은 이런 자기 모습을 알아차리는 것부터 시작한다. 내가 얼마만큼 크게 나를 비난하고 있는지, 얼마만큼 수치스러워하는지, 얼마만큼 애쓰고 있는지, 얼마만큼 다른 사람을 탓하고 있는지, 얼마만큼 내가슴이 무감각해졌는지 직면하고, 그 마음을 따뜻하게 공감하고 돌봐야한다. 원리는 단순하지만, 이것은 머리로 하는 일이 아니다. 자기 공감과 돌봄의 태도를 습관으로 익히는 과정이다. 그 과정을 자세하게 안내한다. 매일 조금씩 연습하고 습관으로 잡아간다면 분명히 변화가 있을 것이다.

자기 공감과 돌봄의 태도를 가지고 있는 교사는 힘든 경험이 닥쳤을때, 그러니까 첫 번째 화살이 닥쳤을 때 자신의 생각, 감정, 감각을 아주섬세하고 따뜻하게 공감하고 돌볼 수 있다. 그래서 자기만의 판단으로감정적으로 대처하거나 상대방과 상황을 정확하게 이해하지 못하고 저지르는 실수를 줄일 수 있다. 그러면서 현재 벌어진 상황을 이성적으로판단할 수 있고, 지금 상황에서 자신이 해야 할 역할을 명료하게 이해하고, 친절함을 잃지 않고 처리할 수 있다.

자기 공감과 돌봄의 태도를 가지고 있는 교사는 지나간 경험에 대해감정의 찌꺼기가 남지 않아 후회나 자책, 남을 비난하는 횟수가 현저히줄어든다. 이런 마음은 앞으로의 다가올 일에 방어적인 태도를 갖지 않게 한다. 방어적인 태도는 매 순간을 불안과 전투 태세로 지내게 한다. 언제 터질지 모르는 폭탄을 늘 들고 다니는 사람을 생각해 보자. 하루 종일 얼마나 조마조마하고 힘들겠는가. 나아가 이런 긴장 속에 있는 교사는 다른 사람들도 긴장시키고 힘들게 할 수 있다. 자기 공감으로 마음 돌봄을 실천하는 교사는 이런 긴장감을 돌보며 좀 더 편안하고 유연하게지낼 수 있다.

자기 공감으로 마음을 돌보는 태도는 삶의 질을 크게 좌우한다. 이 분야의 여러 가지 공부를 하고 많은 선생님들과 그 방법을 나누며, 그중 가장 효과가 있었던 '알아차림(awareness)'의 원리를 적용한 자기 공감과 돌봄의 방법을 소개하려고 한다. 선생님들이 이런 태도를 연습하고, 학생들과도 나누면 좋겠다.

개인적으로 나는 다양한 마음 공부 중 알아차림의 원리를 이해했을 때 가장 큰 도움이 되었다. 알아차림은 '현재의 내 모습에 깨어 있는 삶의 방식'이라고 할 수 있다. 내 감정과 생각의 변화를 알아차리고 이것을 관찰한다. 이렇게 하는 궁극적인 의도는 고치려는 것이 아니라, 그런 나를 따뜻하게 보살피고 공감하고 사랑하려는 것이다. 이 방법과 태도를 배우면 자신의 상처를 있는 그대로 돌볼 수 있다.

자극을 받아 마음이 힘든 상황에서는 감정과 생각이 뒤엉켜 올라온다. 생각이 감정을 일으키기도 하고, 감정이 먼저 느껴지고 여러 가지 생각이 꼬리에 꼬리를 물고 오기도 한다. 감정과 생각을 알아차리고 공감하는 방법 두 가지를 안내한다.

하나는, '알아차림으로 감정 공감하기'이다. 이 방법은 전북 지역 수학 교사인 노학주 선생님과 함께 고민하면서 만든 방법으로, 감정이 매우 크게 올라올 때 감정을 공감하는 방법이다. 알아차림 핵심 원리 두 가지를 읽고, 알아차림으로 감정 공감하기를 연습해 보자.

감정이 지금 내 존재의 핵심이라는 것은 다른 심리 분야의 많은 책에서 반복되는 내용이다. 여기서 중요한 점은 '감정에 휘말려 동일시되어 있는 상태'와 '감정을 관찰하는 상태'를 구분하는 것이다. '감정에 동일시'되면 수많은 생각과 판단의 폭풍 속으로 들어가 버린다. 이것은 두 번째 화살 속으로 가는 지름길이다.

감정에 동일시되는 상황을 아주 잘 비유한 책이 〈홀로서기 심리학〉(라라 E. 필딩)이다. 이 책은 인생을 '도로'에, '나'를 '도로를 주행하는 자동차 운전자'에 비유한다. '나'는 자동차를 운전하여 인생이라는 도로를 주행한다. 그리고 많은 경험 속에서 다양한 감정을 겪고, 생각도 하면서 살아간다. 여기서 다양한 감정과 생각은 '승객'에 비유한다. 즐거움, 기쁨, 만족감, 행복 등의 감정과 슬픔, 수치심, 두려움, 화, 짜증 등의 감정, '잘해야지!', '조심해야 해!', '이쪽으로 가야 해!' 하는 생각들도 승객이다.

다양한 감정의 승객들을 태운 운전자 = 나

평소 조용히 잘 있던 승객들은 자극을 받은 순간, 운전자를 내쫓고 기분 내키는 대로 운전대를 잡아 좌지우지한다. 운전자는 승객을 가라앉혀 보려고 설득하고 협박도 해보지만, 그런 노력이 계속될수록 승객은 더욱 난폭해진다.

'화'라는 감정이 운전대를 잡고 난폭하게 운전하는 모습

　'비교'로 인한 수치심, '잘 가르치지 못했다'는 죄책감, '잘해야 한다'
는 의무감, '나는 못할 것 같아' 하는 두려움, '언제까지 이 일을 계속해
야 할까' 하는 슬픔 같은 감정들은 아주 강한 감정이다. 이 감정에 동일
시 되면 어떤 책 제목처럼 '기분이 태도가 되어 버리는' 상태가 된다.

　이런 감정을 관리하려고 할수록, 없애려 할수록 그때는 없어진 것처럼
보이지만 무의식과 잠재의식 속에 더 깊고 크게 자리잡는다. 관리하려
는 것, 없애려 하는 것은 이미 마음속 깊은 무의식에서는 무서운 일, 힘
든 일, 위험한 일로 인식하고 있다는 것이다.

　감정과 동일시되었을 때 많은 사람들이 자신의 불쾌한 감정을 가라앉
히기 위해 여러 가지 방법을 찾는다. 다른 사람의 위로와 공감, 내 수치
심을 해소해 줄 성취, 내 감정에 책임질 사람(남 탓), 나를 더 나은 사람으
로 만들어 줄 연수 등 무언가 외적인 수단을 택한다. 내 행복을 위해 끊

임없이 외적인 조건을 찾아다니는 것이다. 그러나 인생이라는 도로에서 자동차를 움직이고 있는 운전자가 '격한 감정'인 상태, 즉 내가 '감정과 동일시된 상태'라면 그 어떤 방법도 잠깐의 감정 위로밖에 되지 않는다.

'감정이 다시 승객이 되도록' 해야 한다. 어떻게 하면 두려움, 화, 수치심, 죄책감 같은 감정들이 운전자의 자리에서 다시 승객으로 돌아갈 수 있을까? 답은 그 감정들을 외면하지 않고 있는 그대로 수용하고 공감하는 것이다. 동화 〈해와 바람의 내기〉에서 해님처럼 나를 아주 따뜻하게 관찰하여 알아차리고 따뜻하게 수용하고 공감해 주어야 한다. '내가 많이 부끄러운 마음이구나', '잘해야 한다고 생각했구나', '이제는 편안하게 지내고 싶은 마음이구나' 하고.

동일시된 감정을 관찰하고 따뜻하게 돌보는 태도를 익히면 좋겠다. 자기 공감 연습을 교사 연습 모임에서 실천해 본 결과 주 1회 4~8주 정도 연습을 하면 효과가 있었다. 자신이 감정과 동일시되어 있는 것을 알아차리고 감정을 관찰하여 따뜻하게 공감한다.

관찰하는 방법도 두 가지가 있다. '분석적 관찰'과 '따뜻한 관찰'이다. 분석적 관찰은 감정을 대상화하여 이것이 왜 일어났는지, 누구로부터 어떤 사건에서 생겼는지를 알기 위해 관찰하려는 태도다. 이것은 나를 알아가는 데 도움되지만, 근본적인 이해와 공감의 지점을 만들어 내지는 못한다. 따뜻한 관찰은 지금의 감정 자체를 단지 따뜻하게 맞이한다. 이 두 가지를 한번 연습하면서 차이를 느껴 보자.

나에게 혼잣말로 '지금 내가 부끄럽네. 왜 부끄럽지? 내가 잘못했어. 준비가 충분하지 못했어' 하고 분석하는 말을 해보고, '지금 부끄러운 마음이구나' 하면서 아주 천천히 충분한 시간을 두면서 말을 건다. 전자를 연습할 때에는 우왕좌왕하는 생각으로 분주해진다. 후자의 말을 할 때는 부끄러워하는 내 마음이 조금 위로받는 듯 따뜻한 마음이 된다. 이 것이 따뜻한 관찰이다. 온전하게 내 감정을 바라보고 따뜻하게 함께 있 는 태도, 자책하지 않고 고치려고 하지 않고 단지 따뜻하게 관찰하며 함 께 있는 태도이다.

알아차림으로 감정 공감하기 연습을 할 때는 지금 현재 나에게 있는 감정으로 하는 것이 가장 좋다. 감정을 만날 때는 마치 나에게 찾아온 어 린아이를 만나듯 반가운 마음으로 한없이 자비롭고 따뜻하게 공감한다. 만약 지나간 일이라면 역할극을 해서 지금 나에게 감정이 느껴진 상태 로 연습해 보는 것이 좋다.

다음처럼 4단계로 연습해 본다. 지금 나에게 특정한 감정이 있는 경우 에는 해당 감정으로 연습하고, 지금 특별한 감정이 없다면 다음과 같은 방식으로 '부끄럽다'를 연습한다.

●●● **연습하기** ･･･

1. 동일시된 감정

"부끄러워." (천천히 3번 반복해서 말한다.)

1번은 부끄러운 감정과 동일시되어 있는 상태로 몸이 후끈 달아오르 거나, 두통도 오기도 하고, 목 주변에 서늘한 기운도 든다. 이런 감정에 동일시되면 '역시 나는 형편없는 교사야', '그때 이렇게 해야 했어' 같 은 생각도 일어난다. 이 마음은 너무 힘든 마음이기에 반항심이 따라오 기도 한다. '그게 왜 내 잘못이야?', '이번 일 자체가 잘못 계획되었어' 한다. 평소 우리는 이 동일시 상태로 살아간다.

2. 감정 관찰하기

"내가 지금 부끄러운 마음이구나." (3번 반복)

2번은 부끄러운 마음을 관찰로 알아차리는 단계다. 내가 부끄러운 상태를 약간 떨어져서 바라보듯이 관찰한다. 건조하고 분석적 관찰을 하고 있다면 '다음엔 이런 준비를 해야겠어', '왜 이런 상황이 벌어졌지?', '다음에는 절대 내가 ~하지 말아야지' 하고 '부끄러워하는 이유'를 찾는 생각이 따라오기도 한다.

3. 따뜻하게 내 감정을 관찰하고 안아 주기

"내가 지금 부끄러운 마음이구나." (내 감정을 따뜻하게 관찰하면서 긴 여운을 끌 듯 천천히 3번 반복해 말한다.)

3번은 부끄러운 마음을 알아차리고 아주 따뜻하고 자비롭게 대하는 단계다. 부끄러운 마음을 관찰로 알아주면서 꼭 껴안듯이 천천히 자신을 공감한다. 그래서 의도적으로 말도 천천히 하고 긴 여운을 끌 듯 감정을 껴안는다. 토닥토닥 부끄러워하는 나를 공감하고 수용한다. 부끄러운 나와 온전하게 함께 있는다. 이것이 온전한 내 돌봄이다.

잘 되지 않는다면 공감 멘트를 말해도 좋다. '내가 지금 부끄러워하는구나. 가슴 쪽도 통증이 스치는구나. 이렇게 많이 부끄러웠구나. 그만큼 다른 사람들이 알아주고 이해해 주기를 바랐어? 이런 일이 일어나기 전에 누군가가 도와주었으면 하는 생각도 드는구나' 하며 부끄러운 마음 자체를 그대로 껴안고, 그때의 몸의 감각과 머릿속 생각을 모두 수용하고 알아준다.

4. 침묵으로 따뜻하게 감정을 관찰하며 안아 주기

(아무 말도 하지 않고) 부끄러워 하는 나를 바라보며 따스하게 감싸 안는 다. (3번 반복)

4번은 말없이 관찰하는 태도로 자기 공감 연습을 하는 지점이다. '말' 은 상징이다. '부끄럽다'고 표현하는 것은 가슴이 두근거리며 머리로 올 라가는 열기가 있고, 목 뒷덜미가 뻣뻣해지는 몸의 감각을 일컫는 것이 다. 그것을 잘 알아차리고 따뜻하게 관찰하는 상태를 연습하는 과정이 다. 몸의 감각이나 에너지 차원에서 느끼는 것으로, 있는 그대로 알아차 리고 따뜻하게 관찰하여 공감하는 태도를 기르는 연습이다.

연습해 보면서 차이를 느낄 수 있을 것이다. 감정을 있는 그대로 알아 주면 진정으로 나를 위로하는 느낌이 든다. 충분히 위로받은 감정은 그 대로 사라지기도 하고, 때로 그 안에서 내가 소중하게 생각했던 것이 드 러나기도 한다. 다음은 선생님들의 활동 사례이다.

사례 1

마음이 답답해진다. 갑갑해짐이 느껴진다. 따뜻하게 바라보고 있다.

학기 도중에 특수 교육 대상이 된 학생이 한 명 있다. 참 애매한 경우였다. 주된 문제는 교사 지시 불이행, 과제 미수행 등이 반복되면서 교과 선생님들도 많이 힘들어하고, 친구들과의 사회성 및 교우 관계가 점점 악화되고 있다는 것이다. 특수학급에 와서도 마찬가지인데, 자신이 하고 싶은 것만 길 원하는 학생을 보면서, 한 달 넘게 지도하고 있지만 나 역시 버거움을 느끼고 있다.

학생이 하기 싫다고 하면 그냥 수업 시간에도 내버려둬야 하나…. 조금 협상을 해보려 해도 정말 의욕이 없는 학생을 보면서 내가 교사 자질이 없는 것은 아 닌가 하는 생각이 들었다. 훈육을 과연 어떻게 해야 할지 고민하는 나 자신을 발견한다.

특수학급 학생의 문제 행동을 지도하면서 고소당해 본 경험이 있기에 겁부터 난 것이 더 옳은 표현이라는 생각도 들었다. 혹여나 다시 과거의 그 일이 반복되지 않게, 나의 교육적 열정이 올라오지 않게 목소리 톤도 낮춘다. 적다 보니 무서워하는 마음이 있다는 것을 알아차렸다.

자기 공감과 돌봄에서 배운 방법대로 무서워하는 나를 알아차림으로 관찰하면서 있는 그대로 수용하고 끌어안아 주었다.

내가 무서워하고 있구나…. 내가 무서워하고 있구나.

있는 그대로 나의 무서움을 관찰하며 따스하게 안아 주었다. 마음이 울컥했다. 한참 시간이 지난 일인데, 아직도 내 교육 활동에 그 고소 사건이 무서움으로 남아 작용하고 있었구나. 그만큼 힘들었구나. 많이 무서웠지.

두려워하는 나를 한참 공감하고 알아주었다. 아까의 두려움에서 조금 벗어나고, 여러 생각이 이어지지는 않는다. 예전 일이 지금 상황에 이렇게 영향을 끼치는 것을 알아차렸다. 그러고 나니, 그때의 두려움과 지금 이 아이를 어떻게 지도할까를 분리하고 다시 방법을 생각할 수 있게 되었다.

사례 2

국어 수업에 일기 쓰기(경수필)를 개별 지도하며 순회하고 있었다. 학생들 모두 일기를 쓰며 옆 친구와 가끔 수다도 떨어가며 자연스럽게 작성하고 있었다. 그러다 거의 마지막이 되었을 때 학생 한 명이 아무것도 쓰지 않고 친구와 수다만 떨고 있는 것을 발견했다. 30분 동안 놀았던 것이다. 개별 지도로 시간이 오래 걸리니 그 학생에게 도착하기까지 30분이나 걸렸다.

게다가 지난 주에 나눠 준 국어 노트조차 없다는 것을 알았다. 거기까지는 괜찮았다. 그 학생이 생글생글 웃으면서, "저 노트 없어요~. 안 썼어요~" 하고 장난처럼 말하는 순간 화가 났다.

화가 난 것을 알아차리고, 교실 다른 쪽으로 가서 자기 돌봄에서 배운대로 '지금 화나는 마음이구나… 지금 화나는 마음이구나' 하고 내 마음을 관찰하며 따뜻하게 바라보고 안아 주었다.

그러고 나니 감정의 결이 조금 달라지면서 속상하고 아쉬웠다.

다시 '속상하고 아쉬운 마음이구나… 속상하고 아쉬운 마음이구나' 하고 천천히 바라보며 안아 주었다. 그랬더니, 마음이 점점 가라앉으며 아이에게 하고 싶은 말이 생각났다. 아이를 바라보며 천천히 이야기했다.

"○○아, 노트도 안 가져 올 수 있고, 친구와 떠들고 싶은 마음도 있을 수 있어. 그런데 선생님이 얘기할 때는 장난치지 말고 진지하게 말해 줬으면 좋겠어. 선생님은 너의 수업 준비 태도에 실망스러워. 국어 수업에 준비를 잘 해 주겠어?"라고 말했다. 그랬더니 학생이 조심스럽게 "네"라고 대답했다.

신기했다. 내 감정을 있는 그대로 관찰로 수용하고 알아주었더니, 조금씩 진정이 되고 마음 한가운데에서 내가 정말 하고 싶었던 말이 떠오르듯이 생각났다.

다음은 자신의 감정을 알아차리고 감정과 대화 형식으로 공감한 사례다. 대화로 자신의 마음을 위로하고 속마음까지 다가가 구체적으로 자신의 생각을 만나고 위로하는 과정으로, 마음속 정확한 생각과 감정을 찾아 공감하는 효과가 있다.

사례 3

A   마음이 요즘 많이 무겁고 화가 났었구나. 왜 그랬을까?

A-a   생각해 보니 내가 비난받았다고 생각한 것이 너무 불쾌했었던 것 같아.

A   불쾌한 감정 때문에 힘들었겠다. 지금은 괜찮아?

A-a	음… 그건 나의 생각이었다는 생각이 들어서 지금은 괜찮아지고 있어. 여러 사람이 나에게 격려와 따뜻한 마음과 지지를 해 주었거든.
A	불쾌한 너의 마음은 아주 떠난 걸까? 걱정이 되네.
A-a	아주 떠난 것은 아니고, 남아 있는데 숨어 있는 것 같아. 생각하자면 여전히 기분이 별로야. 내가 나의 불쾌함을 상대방에게 이야기하지 못한 것이 이유인 것 같아.
A	그렇구나. 기분이 여전히 별로구나. 말로 표현했으면 마음에 담아 두지 않아도 되는데…. 말하지 못한 것이 후회되는구나.
A-a	맞아. 나는 왜 말을 하지 못했을까? 바보 같았어.
A	괜찮아. 불쾌한 감정을 이야기하는 것이 쉬운 일은 아니야. 그럴 수 있어.

지금 내 감정을 알아차리고 따뜻하게 관찰하여 있는 그대로 수용하고 돌보다 보면 날카롭고 딱딱하게 뭉쳐 있던 감정이 천천히 풀어지면서 없어지기도 하고, 그 가운데에서 내 진심을 만나게 된다. 내 감정에 공감하기와 관련해서 선생님들의 자주 하는 질문이 있다. 감정이 잘 느껴지지 않는다거나, 느껴지는데 그 감정이 가라앉지 않는다는 것이다.

평소에 감정이 잘 안 느껴진다면 감정을 어릴 적부터 억압해서 감정이 잘 느껴지지 않는 것일 수 있다. 그래서 의도적으로 시간을 맞춰 놓고 내 오감(촉각, 후각, 청각, 시각, 미각)을 느껴 보고, 내 감정을 어휘로 찾아보는 연습이 필요하다.

'나 지금 이런 소리가 들리는구나. 내 마음이 어때?', '지금 내 마음이 즐겁구나. 내 몸의 감각이 어때?', '내 몸의 한쪽 무릎이 아프구나. 내 마음이 어때?' 하면서 공감하는 연습을 한다. 그것을 관리하려고 하지 않고 어린아이가 된 것처럼, '생떼 부리는' 것처럼 내가 나에게 '나 아파', '나 너무 신나' 하면서 말해 준다. 그리고 알아차린 감정을 '그랬구나. ~하는 마음이었구나' 하고 공감해 준다.

　감정은 느껴지는데 그 감정이 가라앉지 않는 것 같다면, 감정을 빨리 해결해 버리려고 하거나 무의식적으로 그 감정을 거부하거나 저항하는 마음일 수 있다. 그 마음도 수용하고 공감해 준다. 빨리 해결해 버리려는 마음도 '빨리 편안해지고 싶구나', '이제는 자유로워지고 싶어?' 등으로 공감해 준다.

　감정을 거부하거나 저항하는 힘이 큰 상태라면 둘 중 어느 한쪽 먼저 충분히 공감해 준다. 내 경우 부정적인 감정을 수용하고 알아주는 것 자체가 불편했다. 빨리 없애 버리고 고쳐야 좋은 사람이고 건강한 사람인 것 같았다. 이런 부정적인 마음이 왜 자꾸 올라오는지 속상했는데, 이 마음이 순수하게 올라오는 두려운 나와 부끄러운 나를 억누르고 억압하고 있다는 걸 알게 되었다. 그것을 알아차리고 '그동안 속상했구나. 좋은 사람, 건강한 사람으로 보이고 싶었구나. 애썼어' 하고 그 마음에 공감했다.

　이렇게 오랫동안 수용하지 못하고 억눌렀던 내 마음을 만나는 지점에서 눈물이 울컥 나올 때가 있다. 그 외로움과 슬픔, 속상함과 두려움을 하나하나 만날 때 진정으로 나와 연결되고, 그제야 감정들이 서서히 가라앉는다. 알아차림으로 자기 공감을 연습하면서 얼마나 감정과 동일시되어 있었는지 알게 되고, 많은 감정들을 억누르고 있었던 것도 알게 된다. 하나하나 발견하고 돌보면서 조금씩 생동감 있게 살 수 있게 된다. 내 마음이 안정되면 주변 사람이 보이고, 상황도 명료하게 이해되면서 좀 더 편안하게 지낼 수 있다.

내 신념에 공감하기

마음이 힘들 때는 무슨 생각이 그렇게 올라오는지 폭풍처럼 꼬리에 꼬리를 물고 이어진다. 그 순간의 내 머릿속 생각들을 드라마로 펼친다면 웬만한 공포, 스릴러 못지 않을 것이다. 이런 생각들은 죽을 때까지 절대 끝나지 않는다. 다만 생각을 관찰하고 거기에 영향을 받지 않게, 즉 두 번째 화살은 맞지 않을 수 있다.

알아차림의 원리는 '있는 그대로의 나'의 모든 것을 수용하고 관찰하는 것이다. 그중에는 생각도 포함된다. 우리 뇌는 끊임없이 생각을 한다. 가만히 앉아 있으면 오만가지 생각이 일어나는 것을 알 수 있다. 어떤 생각을 하느냐에 따라서 문득 불안해지거나, 기분 좋은 상상에 갑자기 즐거워지기도, 슬퍼지기도 한다. 그래서 어떤 마음 공부에서는 긍정적인 생각으로 전환하는 연습을 하기도 하고, 특정한 생각 순서로 자신의 마음을 만나게 돕기도 한다. 알아차림에서는 그 어떤 변형도 하지 않고, 온전하게 지금 내 생각, 감정, 감각을 관찰하는 연습을 한다. 있는 그대로의 나와 함께 있기 위한 것이다.

생각은 사람, 사물, 사건 등 무언가를 인식했을 때 그것과 관련한 과거의 기억이 반응하여 생겨난다. 의미 없는 잡다한 생각부터 강한 자극을 받은 기억까지 다양하게 일어난다. 그중 어떤 생각들은 생활 속에서 기능을 수행하기 위해 꼭 필요하다. 할 일을 알려 주기도 하고, 다른 사람의 의견을 이해하는 데, 혹은 정보를 수집하고 조직할 때도 필요하다. 이런 생각은 살아가는 데 필요한 기능들이다. 단순한 생각들이 일어나는 경우, 이 생각들을 알아차리고 지켜보면 흘러간다. '옷을 살 때가 됐는데 무엇을 사지?', '○○가 오늘 늦게 갔는데 잘 들어갔으려나?' 등이 그렇다.

그런데 강한 몸의 감각과 감정을 수반하는 생각들이 있다. 이것은 과거 자극을 받았던 당시에 뇌가 그 일을 '위험한 일'로 저장했기 때문에 일어나는 몸의 자동 반응이다. 이런 생각들은 오랫동안 굳어져 감정과 함께 강하게 몸과 뇌에 저장되어 있다. 그것은 자신에 대한 강요 혹은 당위, 신념의 형태로 남는다.

나는 이런 신념들을 '안경을 쓴 상태'라고 말한다. 내가 쓰고 있는 안경의 형태대로 상황과 사람을 판단하고 그것에 확증하고 있는 상태, 확증 편향의 상태다. 이런 신념들은 다른 사람을 비난하는 생각들을 일으킨다.

신념	비난하는 생각으로 작용
부지런하게 살아야 해.	게으른 아이야.
긍정적으로 살아야 해.	불만이 참 많은 학생이네.
예의 바른 사람이어야 해.	나한테 대들다니 예의가 없어.

| 베풀면서 살아야 해. | 이기적인 아이야. |
| 잘해야만 해. | 저 아이는 실력이 없어서 큰일이네. |

이런 신념은 양날의 칼이 되어 자신을 강하게 통제하는 생각으로 작용한다.

신념	자신을 통제하는 생각으로 작용
부지런하게 살아야 해.	수업이 안 된 것은 내가 게을렀던 탓이야.
긍정적으로 살아야 해.	불평하면 안 돼.
예의 바른 사람이어야 해.	주변 사람들에게 친절해야 해.
베풀면서 살아야 해.	인색하게 굴면 안 돼.
잘해야만 해.	실력을 인정받아야 해.

내가 쓰고 있는 안경, 즉 신념이 남을 비난하는 생각과 나 자신을 통제하는 생각으로 작용한다는 것을 알아차렸는가? 이런 생각과 신념을 알아차리고 바라본다는 것은 '내가 쓰고 있는 안경을 확인하고 잘 닦아서' 나 자신과 다른 사람, 상황을 좀 더 있는 그대로 만나는 일이다. 마치 안경을 쓰고 벗는 것처럼 '내가 이런 기준을 가지고 있었네. 다른 사람은 다른 생각을 가지고 있을 수도 있어' 하고 한 걸음 떨어져서 상황과 사람을 만나도록 한다.

내가 가진 신념을 찾는 간단한 방법이 있다. 자신이나 다른 사람을 비난하는 생각을 먼저 찾아본다. 예를 들어 '저 아이는 뺀질거린다'고 비난하는 생각이 있다면, 그것을 강요와 당위의 말로 바꿔 본다. '모두 공

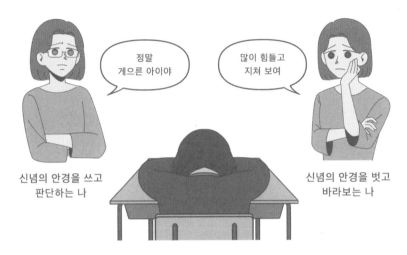

신념의 안경을 통해서 본 엎드린 학생은 '게으른 아이'로 보이고,
안경을 벗고 바라본 아이는 '무언가로 지치고 힘든 아이'로 보인다

평해야 해' 혹은 '무엇이든지 열심히 해야 해' 쯤으로 바꿀 수 있을 것이다. 그러면 그것이 자신이 가진 신념과 근접하다고 할 수 있다.

신념의 영향을 강하게 받고 있을수록 신념과 동일시되어 있어 안경을 쉽게 벗을 수 없다. 하지만 안경을 벗고 다른 사람을 만난다면 훨씬 더 편안하게 소통할 수 있다. 자기 자신도 있는 그대로 수용하기가 더 수월해진다. 이런 신념은 우리 마음속의 깊은 아픔과 관련이 있으므로, 이런 신념도 따뜻하게 관찰하고 공감한다.

만약 내가 가진 생각을 알아차리고 관찰했다면 다음 활동을 해본다. 알아차림으로 신념 공감하기는 두 개의 방법으로 연습해 볼 수 있다. 우선은 감정 공감하기와 같은 '관찰하기' 방법으로 연습한다. 관찰하기 연습은 자신의 신념을 알아차린 것이 있다면 그것으로 연습하고, 만약 없다면 다음의 '모든 것을 잘 해내야만 해' 의 신념으로 연습한다.

1. 신념과 동일시

'모든 것을 잘 해내야만 해.' (천천히 3번 반복해서 말한다.)

1번은 지친 신념과 동일시되어 있는 상태다. 몸의 감각도 주의를 기울여 살펴본다.

2. 신념을 관찰하기

'내가 모든 것을 잘 해내야만 한다고 생각하는구나.' (3번 반복)

2번은 생각을 관찰로 알아차리는 단계다. 생각과 다소 떨어진 듯이 관찰한다.

3. 신념을 따뜻하게 관찰하고 안아 주기

'내가 모든 것을 잘 해내야만 한다고 생각하는구나.' (내 생각을 따뜻하게 바라보면서 긴 여운을 끌 듯 천천히 3번 반복해 말해 본다.)

3번은 생각을 알아차리고 아주 따뜻하고 자비롭게 대하는 단계이다. 생각을 꼭 껴안듯이 천천히 자신을 공감한다.

4. 침묵으로 따뜻하게 신념을 관찰하며 안아 주기

(아무 말도 하지 않고) 모든 것을 잘 해내야만 한다는 생각과 따스하게 함께 있어 본다. (3번 반복)

4번은 말 없이 관찰하는 태도로 자기 공감 연습을 한다. 말로 바꾸면 에너지를 그대로 느끼지 못할 수 있다. '잘 해내야만 해'라는 말이 있기 전에 내 몸에 있는 감각을 그대로 따뜻하게 관찰한다.

이 연습으로 동일시된 신념과 다소 거리를 두고 따뜻하게 관찰한다는 느낌을 받았다면, 이 신념이 다른 사람과의 관계, 혹은 나 자신과 관계 맺는 일상 속에서 '비난이나 분노'로 작용할 때 알아차릴 수 있다. 그때마다 '내가 이런 생각을 하고 있구나' 하고 관찰하며 공감하는 마음으로 돌본다.

다음은 당사자와 상대자 두 명이 함께하는 짝 활동으로, 역할극을 하며 '신념'과 직접 대화로 만나 보는 연습이다. 활동 사례를 함께 소개한다.

● ● ● 연습하기 ┄┄┄

1. 당사자 - 자극받는 상황에서 누군가를 비난하는 내 생각을 자유롭게 관찰하는 대로 적어 본다.
   '어떻게 저렇게 선생님에게 대들 수가 있어? 예의가 있어야지. 정말 배운 게 없네.'

2. 당사자 - 내 생각에서 내가 중요하다고 생각하는 신념(안경)을 찾는다.
   '사람은 예의를 지켜야 해.'

[역할극]

3. 당사자 - 신념을 찾은 사람은 마치 역할극을 하는 것처럼 '신념'이 된다.
   '예의를 지켜야 해' 님이 된다.

4. 상대자 - 역할극 상대자는 '예의를 지켜야 해' 님에게 다음 질문을 하고, 당사

자는 천천히 깊이 마음을 느끼며 대답한다.

'당신은 '예의를 지켜야 해' 님이 맞나요?'

'지금 어떤 마음이세요?'

'당신은 신념을 가진 당사자(선생님의 이름)를 위해 지금까지 어떤 일을 하셨나요?'

'당사자는 알고 계신가요? 그분은 '예의를 지켜야 해' 님을 어떻게 대하고 계세요?'

'당신은 언제 생기셨나요? 어떤 상황일 때 등장하나요?'

'그 신념을 그토록 중요하게 생각하는 이유는 무엇인가요?'

'이야기하고 나니 어떤 마음이신가요?'

'그분에게 하고 싶은 말이 있나요?'

'그분에게 듣고 싶은 말이 있나요?'

'지금 마음이 어떠세요?'

'이제 다시 본인으로 돌아옵니다. 마음이 어떠세요? 어떤 생각이 드셨나요?'

신념을 인격체로 여기고 만나는 위 역할극을 하다 보면, 내가 신념을 가지게 된 계기가 아픔이나 고통에서 나 자신을 지켜 주기 위해 생겼다는 것을 알게 된다. '예의를 지켜야 해' 라는 신념은 어릴 적 가족 혹은 주위 어른으로부터 꾸지람을 듣거나, 다른 누군가가 혼이 나는 것을 봤다거나, 내가 큰 칭찬을 받아서 우쭐한 마음을 느끼는 등 과거의 특정한 경험에서 생긴다. 다시는 반복하고 싶지 않은 경험이나 계속해서 반복하고 싶은 경험은 신념으로 자리 잡아 나와 타인을 통제하는 힘으로 작용하게 된다.

이런 신념과 대화하면서 그 아래의 두려움과 본심을 충분히 만나고 공감하는 과정을 거치면 신념에 사로잡힌 상태에서 벗어나 내 삶에 도움이 되는 긍정적인 힘으로 사용할 수 있다. '예의를 지켜야 해'라는 신념은 '나와 타인을 존중'하는 힘이 될 수 있다. 이런 신념은 3장 내면 아이의 작용과도 이어진다.

다음은 신념과 공감하기 과정을 마친 선생님들의 후기이다.

사례 1

'뭐든 잘 해내야만 해' 하고 말하는 신념을 만났다. 이제껏 나를 지탱해 준 신념이었다. 그 신념 덕에 내가 지금까지 살아올 수 있었다. '뭐든 잘 해내야만 해'라는 신념으로서 고맙다는 말을 들으니 안심이 되고 편안해진다.

그런데 그런 신념으로 인해서 내가 날카로워지기도 하고 무엇을 할 때 잔뜩 힘이 들어가는 것도 알아차렸다. 신념에게 '고마웠어. 이제는 내가 잘할 수 있으니까 안심하고 있어도 돼' 하고 말하니까 나도 조금 부담이 덜어진다.

내가 이렇게나 이 신념에 크게 사로잡혀 있었던 것도 알아차릴 수 있었다. 이제는 그 신념이 작용할 때 마음속으로 '고마워. 이제는 내가 해볼게' 말하며 부담을 줄이면서 일할 수 있을 것 같다.

사례 2

'예의 바르게 살아야 해' 하고 말하는 신념을 만났다. 신념과 만나다 보니 젊은 시절 초보 교사로서 선배 교사들이 시켰던 모든 일을 꾸역꾸역 해냈던 나를 만났다. 그때는 그것이 힘든지도 모르고 했는데, 지금 보니 그때 무척 힘들어했던 나를 만났다. 내가 선배 교사로 후배 교사들이 무언가를 협력하지 않을 때 '예의 없다는 생각'으로 화가 난다는 것도 알아차렸다. 다른 사람들과 잘 어울릴 수 있도록 해 준 신념에게 고맙고, 이제는 조금씩 자유롭게 살아 보려는 나 자신의 이야기도 할 수 있어서 후련하다.

내 감정과 생각들을 알아차리고 따뜻하게 관찰한다. 그리고 있는 그대로 수용하고 공감한다. 이것이 자기 공감이다. 선생님들이 따뜻하고 편안한 일상을 누릴 수 있도록 도움이 되면 좋겠다.

자기 격려와 감사

때로 너무 지치고 좌절하여 다시 가르칠 수 없을 것처럼 소진되는 순간이 있다. 내가 너무 엉망인 것 같고, 뭘 시작하기에도 두려울 때가 있다. 이럴 때 다른 사람의 격려와 위로가 도움이 될 때도 있지만, 나는 '자기 힘을 찾으라'고 말하고 싶다.

내가 지금 이 자리에 살아 있는 것은 절대 그냥 살아진 것이 아니다. 매 순간 '나의 힘'이 있었기 때문에, 어려운 위기를 겪고 좌절의 시간이 있었지만 용기있게 노력했기에 지금 여기에 있는 것이다. '나의 힘'을 의식의 표면 위로 자각하고 나에게 용기를 북돋워 주는 자기 격려(Self Encourage)를 다음과 같이 연습해 보자. '내면 아이' 작업에서 힌트를 얻어 만들어 보았다.

● ● ● 연습하기 ⋯⋯⋯⋯⋯⋯⋯⋯⋯⋯⋯⋯⋯⋯⋯⋯⋯⋯⋯⋯⋯⋯⋯⋯⋯⋯⋯⋯⋯⋯⋯

준비물 : 예쁜 엽서, 필기도구

1. 눈은 살짝 아래를 보면서 안내를 따라 온다. 호흡을 정돈하여 마음을 평온하 게 만든다.

– 안내하는 말 :

지금 시간 여행을 떠나도록 하겠습니다. 어릴 적 좌절하고 힘들었던 때를 떠올려 봅니다. 어릴 적이 생각이 안 나면 좀 더 컸을 때도 괜찮습 니다. 무척 좌절하고 힘들었던 때를 떠올립니다. 그 아이는 지금 어디에 있나요? 무엇을 하고 있나요?

'지금의 내'가 그 아이를 찾아갑니다. 그리고 그 작은 아이의 어깨에 가만히 손을 얹습니다. 좌절하고 지친 그 아이가 지금의 나를 쳐다봅니 다. 좌절하고 지친 그 아이의 눈에 모든 것을 통과하여 지금 이 자리에 서 있는 나는 어때 보이나요? 지금의 나는 따뜻한 마음과 조용한 미소로 그 아이를 바라봅니다. 그 아이에게 격려의 말을 한마디 해 준다면 뭐라 고 하시겠습니까?

2. 격려의 말을 엽서에 적는다(5분).

3. 다 적으면 그 아이에게 따뜻하게 인사하고 다시 지금의 나로 돌아온다.

– 안내하는 말 :

다시 시간 여행을 시작할게요. 이번엔 70대의 나를 떠올립니다. 나는 은퇴를 하고 어딘가에 살고 있습니다. 어떤 모습인가요? 어디에서 무엇 을 하고 있나요?

'지금의 내'가 70대의 나를 찾아갑니다. 70대의 나는 '지금의 나'를 아주 반갑게 맞아 줍니다. 모든 것을 통과하여 살아 낸 70대의 내가 지금의 나를 꼭 안아 주며 격려의 말을 해 줍니다. 70대의 나는 어떤 말로 격려를 해 주고 있나요?

4. 격려의 말을 엽서에 적는다(5분).

– 안내하는 말 :

다 적으신 분은 70대의 나에게 아주 따뜻한 인사를 나누고 지금의 나로 돌아옵니다.

5. 마음속으로 천천히 음미하며 격려의 말을 3번 읽는다.

6. 옆 사람과 엽서를 바꾼다.

– 안내하는 말 :

바꾼 엽서를 들고 상대방이 적은 격려의 말을 3번 반복하여 읽어 줍니다. 이렇게 적은 격려의 말은 이분이 삶을 통과하는 과정에서 길어 올린 소중한 애씀입니다. 첫 번째 읽을 때는 내용을 확인하면서 읽고, 두 번째는 마음을 담아 읽고, 세 번째는 그 애씀에 공감하면서 정성스럽게 읽습니다.

7. 교대로 진행한다.

자기 격려 과정은 지금까지 많은 고통을 견디고 통과하여 여기까지 온 내 힘을 느끼도록 해 준다.

70대 노인이 된 나의 시선으로 지금의 나를 보면 지금 이 순간이 아주 힘겨울지라도 그것이 삶의 과정 중 하나일 뿐이라는 사실이 보인다. 조금은 먼 시선으로 지금의 어려움을 객관화할 수 있다. 이런 고비들이 모여 내 삶의 궤적을 만들어 간다는 총체적인 관점으로 지금의 나를 관망하게 하여, 지금을 견딜 수 있도록 도와준다. 이 활동을 통해 얻는 깨달음의 지점이 모두 다르기 때문에 교사 모임에서 함께 활동을 나누면 더욱 풍성한 각자의 의미를 만날 수 있다.

다른 사람이 내가 적은 격려의 말을 나에게 들려 줄 때 감동을 더 크게 받을 수 있다. 나는 이것이 한 사람의 존재가 다른 사람의 인생에 아주 큰 영향력을 끼친다는 것을 증명한다고 생각한다. 나의 한마디 말이 다른 사람에게 다시 살아갈 힘을 안겨 줄 수 있을 정도로 우리는 서로 큰 영향력을 끼치는 존재들이다. 시간을 아끼지 말고 스스로를 격려해 주고, 그렇게 채워지는 격려의 힘으로 학생들에게도 용기와 격려를 부어 주는 교사가 되자.

자기 격려와 함께 자기 감사(Self Grateful)를 해보자. 누군가가 나에게 호의와 선의를 베풀어 주었을 때, 내 마음에 따스함이 번지는 것을 느낄 때가 있다. 아침마다 교무실에서 커피를 내려 은은한 커피 향을 느끼도록 해 주는 선생님, 수업 전 쉬는 시간마다 교무실에서 수업 물품을 가져다 교실에 놓는 학생, 고민이 될 때 내 이야기를 깊이 들어 주는 선배 선생님…. 이런 순간에 우리는 고맙다, 감사하다는 단어를 사용한다.

고맙다고 표현할 때는 그 행동으로 내가 어떤 도움을 받았는지 구체적으로 표현힐 깃을 제안한다. '아침에 학교 왔을 때 긴상삼이 녹아 편안하게 하루를 시작할 수 있어서 고맙습니다', '선생님이 이야기를 들어 주셔서 마음을 가라앉히는 데 도움이 되어 고맙습니다' 라고 내 행복에 어떤 기여를 해 주었는지 구체적으로 말하면 듣는 사람도 즐거운 마음이 될 수 있다.

반대로 누군가에게 감사 표현을 받을 때 무척 쑥스럽게 여기게 되는 경우가 있다. 평가가 들어간 칭찬에 부담스러울 때도 있고, 내가 그런 말을 들을 자격이 있나 싶어 사양할 때도 있다. 다른 사람의 행복에 기여한 부분이 무엇인지 알고 영향력을 끼친 사람과 영향을 받은 사람 모두가 그 순간을 함께 기뻐하는 것이 감사의 진정한 풍요로움이 아닌가 생각한다.

하지만 많은 사람들이 자신에게 감사 표현을 할 기회는 별로 없는 것 같다. 자기 감사 활동을 하며 내가 노력하고 애쓰는 것을 발견하고, 스스로에게 충분히 감사 표현을 하면서 자기 돌봄 시간을 갖는다.

●●● 연습하기 ⸱⸱

준비물 : 엽서, 필기도구

1. 내가 가장 감사 표현을 받고 싶은 사람을 두 사람 떠올린다.

– 안내하는 말 :

엽서를 두 부분으로 나누고, 선택한 두 사람에게 받고 싶은 감사 표현을 두 가지씩 적어 봅니다.

2. 옆 사람과 엽서를 바꾼다.

– 안내하는 말 :

바꾼 엽서를 들고 상대방에게 그분이 적은 감사의 말을 세 번 반복하여 읽어 줍니다. 이렇게 적은 감사의 말은 이분이 노력하는 소중한 마음이에요. 첫 번째 읽을 때는 내용을 확인하면서 읽고, 두 번째는 마음을 담아 읽고, 세 번째는 그 노력에 공감하면서 정성스럽게 읽습니다. 교대로 진행하고 돌아옵니다.

한 선생님이 일 년 내내 문제 행동을 보인 아이를 상대방으로 설정하여 그 아이에게 받고 싶은 감사 말을 적은 적이 있다. 그 내용을 다음에 소개한다.

사례

내가 듣고 싶은 감사의 말 (상대방 : ○○○ 학생)

· 일 년 내내 저를 포기하지 않고 상담해 주시고 애써 주셔서 감사합니다.

· 아버지가 자주 화를 내서 대화하기 참 힘든 사람인데 그런 분과 대화해 주셔서 감사해요.

· 선생님이 식당에서 사 주신 해장국 잊지 않고 평생의 힘으로 삼겠습니다. 고맙습니다.

어쩌면 선생님의 노력이 학생의 태도 변화로 돌아오지 않았을 수도 있다. 선생님은 자신의 행동이, 학생이 정말 행복하고 평안하게 지내기를 바랐던 진심 어린 마음이었다는 것을 발견했고, 잠시 멈추어 그런 마음을 가진 자신에게 고마움을 표현하고 충분히 축하하는 시간을 보냈다. 이렇게 자기 감사의 과정은 스스로에게 큰 힘이 될 수 있다.

슬픈 마음 충분히 애도하기

자기 공감과 돌봄으로 있는 그대로의 나를 만나다 보면 나의 솔직한 속감정을 만나게 된다. '화, 죄책감, 수치심' 같은 감정도 있는 그대로 돌보고 만나면 감정이 조금씩 변화하면서 '슬픔, 아쉬움, 애잔함' 같은 감정으로 전이된다. 나는 이런 감정을 '속감정'이라고 표현한다. 외부로 향하는 화와 분노, 나 자신에게 향하는 자책, 두려움, 수치심 같은 감정들을 모두 돌보고 공감하고 수용하고 나면 그제야 속감정을 만날 수 있다. 이런 속감정은 내 마음 깊숙이 들어 있는 '진심, 진정성, 열망'과 연결된다. 다음에 내 사례를 적어 본다.

학교 폭력 사안으로 학부모와 전화 상담을 하던 중 가해 관련 학생의 부모가 '선생님, 왜 우리 아이에게 불리한 조사를 하세요?' 하고 말한 적이 있다. 순간, 화가 났다. 오히려 그 학생을 돕기 위해 노력하고 있었는데 부모가 그런 말을 하니 화가 난 것이다. 워낙 감정이 커서 학교 폭력 업무를 같이 담당하는 교사에게 하소연하기도 했고, 해당 학생의 담임

교사를 찾아가 부모가 어떻게 그렇게 말할 수 있냐며 화를 분출하고 다녔다. 사람들에게 위로를 받아도 화는 사그라들지 않았고 더 깊은 경멸과 업무에 대한 회의감, 되갚아 주겠다는 응징의 마음, 이제부터는 아무것도 하지 않을 테니 알아서 하라는 냉소의 마음 등이 올라왔다.

한참 그러고 나니 내가 완전히 '화'와 동일시되어 있다는 것을 알아차리게 되었다. 마음속으로 천천히 '지금 화가 나는 마음이구나' 하고 있는 힘껏 내 화를 관찰하고 수용하고 공감해 주었다. 그랬더니 마음속에서 '응, 화가 많이 났어' 대답을 하는 듯했다. 실제로 울지는 않았지만, 꼭 엉엉 우는 것 같은 마음 상태가 되었다. 화나는 감정을 그대로 알아주었더니 속상함과 섭섭함으로 온도가 바뀌었다. 속감정을 만나고 감정의 변화를 따라가면서 공감해 주었더니 안타까움과 아쉬움, 슬픔이 느껴졌다. 아쉽고 속상한 마음을 계속 알아차리면서 관찰로 공감을 지속했다. 그랬더니 내 진심이 드러났다.

사안 조사 과정에서 그 학생과 상담을 하면서 아주 긴급한 정서적 위험을 포착했었다. 만약 부모가 아이의 행동을 합리화하거나 두둔하게 되면 아이가 '자신을 배울 수 있는 기회'를 잃을 수 있겠다는 생각도 했다. 아이를 돕고 싶은 마음, 그것이 내 진심이었다. 그래서 부모가 그 부분을 이해하고 협력해 주었으면 하는 마음이 강했다는 것을 이해했다. '학생을 지금 잘 도와야만 해', '부모님이 나에게 협력해야 해' 하는 나의 열망이 화를 일으킨 것이었다. 이렇게 자기 이해가 되면서 마음이 진정되었다.

그렇게 내 진심을 찾고 나니, 학교 폭력 절차를 그대로 따르면서 내가 할 수 있는 일을 했다. 학생을 만나 상담을 진행하고, 교육청으로 사안을 이관할 때는 학생과 부모를 관찰한 것을 자세히 적어 송부하기도 했다.

그것까지 하고 나니 마음이 후련해졌다. 이 과정이 '애도 작업'이다. 애도는 슬픔과 다른 색깔이다. 애도는 충분히 슬퍼하면서, 그 속에서 가장 중요하고 소중한 의미를 발견하고 그것을 내 마음속에 깊이 간직하는 과정이라고 할 수 있다.

학교에서는 예상치 못한 일, 피하고 싶은 일을 수도 없이 맞닥뜨린다. 과격하거나 무기력한 아이들, 각종 민원을 제기하는 부모, 책임을 전가하는 관리자, 협조하지 않는 교육청을 만날 수 있다. 화도 나고 슬픈 일이다. 내 화를 고스란히 수용하고 공감하면 아쉬움과 슬픔이 찾아온다. 이 슬픔을 그대로 만났을 때 내가 가장 원했던 것, 소중한 것을 만날 수 있다. 그리고 그 소중한 것을 이루기 위해 지금 내 자리에서 교사로서 할 수 있는 것을 할 때, 실천적 존재로서 교사의 역할을 회복할 수 있다. 교사로서 가장 소중한 일을 실천할 때 아무에게도 휘둘리지 않는 교사로서의 자신감과 자부심이 내 마음속 깊이 자리잡고, 그것이 교권을 세우는 첫 단추라고 생각한다.

나는 학교 폭력 사안을 처리하는 일을 좋아한다. 흔히 '상호 폭력과 비난, 책임 회피, 피해 학생의 상처, 민원을 감당하는 그 업무가 좋을 수가 있나'고 생각한다. 하지만 갈등의 한복판에서 함께 슬퍼하고, 애도하고, 각자의 마음속 깊은 곳에 있는 열망을 발견하고 그것을 위해서 한 걸음씩 용기 내어 걷는 학생들, 부모의 모습을 볼 때 매우 큰 감동과 희망을 느낀다.

내가 좋아하는 만해 한용운의 '님의 침묵'에 '걷잡을 수 없는 슬픔의 힘을 옮겨서 새 희망의 정수박이에 들어부었습니다'라는 구절이 나온다. 슬프기만 한 것은 쓸 데가 없다. 진정한 애도는 슬픔 안에서 소중한

것의 의미를 찾아 희망의 정수박이에 들이붓는 용기의 다른 말로, 희망
과 사랑이 따라온다.

사랑 회복하기

얼마 전, 아주 멋진 생태 다큐멘터리 영화 〈수라〉를 보았다. 1991년에 시작해 2010년 완공된 새만금 간척 사업으로 더 이상 물이 들어오지 않는 갯벌에서 죽어 간 갯벌 생명들의 기록이었다. 무수한 사체로 뒤덮인 갯벌은 경제, 경쟁, 효율성, 성과, 우열 의식과 같은 논리로 있는 그대로 사랑받고 존재하지 못하고 죽어 가는 우리 학생들의 모습 같았다. 아픈 아이들 이면에는 아픈 어른들이 있고, 아픈 어른들의 이면에는 아픈 사회가 있다. 왜곡된 사회를 놔두고 교육 개혁은 절대 이루어질 수 없다. 우리의 교육 환경도 바뀌지 않을 것이다. 이런 슬픔 속에서 절망하고 슬플 수밖에 없는 것은 당연한 일이다.

새만큼 방조제 완공 후 많은 생명체가 죽어 가던 갯벌 수라는, 그 후 2016년 시민 생태 조사단의 활약으로 하루 두 번 방조제 댐을 열어, 마른 갯벌로 바닷물이 유입되었다. 조금씩 바닷물이 마른 땅을 적시기 시작하면서 사라졌던 생명들이 자리잡기 시작했다. 그중 손가락 만한 크기인 멸종위기종 흰발농게도 발견되었다. 약 10년 동안 바닷물이 들어

오지 않는 마른 갯벌에서도 땅속 깊이 지하수까지 내려가 세대를 이어 살아남았던 것이다. 작디작은 흰발농게의 생명력을 보면서 한참 눈물을 흘렸다.

교사, 학생, 부모 모두 황량한 마음밭을 가진 이 시대에 '교사' 라고 이름 붙여진 우리는 교사로 존재할 때 가장 풍요롭게 존재할 수 있다. 10년 동안 물 한 방울 들어오지 않는 버려진 땅에서도 땅속 깊은 곳에 자리잡아 세대를 이어 살아남은 흰발농게의 질긴 생명력처럼, 우리도 마음속 깊은 곳에서 교사로서 생명력의 본질을 찾아야 한다.

그것은 바로 '사랑' 이다. 민원에 시달리고, 과도한 업무에 시달리고, 학생들의 피폐한 모습에 슬프고 힘겹지만, 그 속에서도 교사는 성장하는 학생들을 볼 때 가장 행복하다. 기쁨도, 만족도, 뿌듯함도 모두 자라나는 학생들을 볼 때 생긴다. 그 모든 것이 마음속 깊이 '교사로서의 사랑' 이 있기 때문이라는 것을 안다. 이런 '사랑의 마음' 을 회복하여 존재하는 것이 우리 자신을 살리는 일이다.

뒤틀린 사회의 부작용을 학교가 온몸으로 받아 내느라, 선생님들은 아프고 힘들고 지친다. 그것은 그것대로 슬프고 힘든 일이라는 것도 수용한다. 그 슬픔은 다음 세대의 주역인 학생들을 사랑하는 마음에서 왔다는 것은 진실이다. 마른 갯벌 아래 지하수까지 내려가 10년을 버티고 살아온 흰발농게처럼, 선생님들도 고통스럽고 힘겨운 마음 더 깊은 곳에 있는 학생들에 대한 사랑을 회복하고 실천할 때 교사로서 행복할 수 있다는 것을 기억하면 좋겠다.

교사의 자기 표현

편안하고 솔직하게 자기 표현을 하고 있는가? 아니면 표현을 잘 하지 못하고 수용만 하는 편인가? 상대에 따라 어렵기도 하고, 다른 사람들에게 상처를 줄까 봐 걱정하여 말하지 못하는 경우도 많다.

M 선생님은 학급에 친한 친구와 다투고 마음고생을 하는 여학생이 있다. 학생은 힘들 때마다 선생님을 찾아와 장시간 상담을 하였다. 친구와 갈등을 해결할 의지는 없고, 다만 견디기 힘든 마음을 선생님에게 와서 토로하고 지지를 받으면서 학교생활에 힘을 얻는 듯했다. M 선생님은 그것이 담임교사의 할 일이라고 생각해서 학생과 늘 긴 대화를 했다.

수행 평가를 채점하려고 초과 근무를 신청하고 교무실에 남은 날, 오후 4시쯤 학생이 찾아와 상담을 요청했고, 7시까지 이야기를 하고 갔다. 선생님은 너무 힘들었다. 학생의 상담을 계속해서 받아 주는 것이 맞는 것인지 혼란스럽고, 너무 지쳤다.

교사는 책임지는 사람이 아니다. 스스로에게 닥친 갈등을 풀든, 갈등을 풀지 않고 일어나는 일을 견디든 그것은 학생이 선택하고 헤쳐 나갈 일이다. 그 과정에서 교사가 공감으로 돕고 협력할 수 있지만, 이렇게 장기적으로 학생의 모든 감정을 받아 주는 것은 과한 감정 노동일 수 있다. 이럴 때는 '선택과 책임은 너의 몫이다. 선생님은 돕겠다'는 메시지를 다음과 같이 전달해 보는 것은 어떨까?

'진희(가명)야, 같은 상황이 계속 반복되니 너도 힘들지. 그런데 이제는 관계를 회복할지, 아니면 스스로 잘 지낼 수 있는 방법을 찾든지 결정을 내려야 할 것 같은데. 선생님도 같은 이야기가 계속 반복되니까 걱정이 되네. 어떤 결정도 쉽지는 않겠지만 네가 결정을 내리면 선생님이 도울게. 너는 어떻게 해보면 좋겠어? 선생님 말 듣고 어떤 마음이 들어?'

N 선생님은 동료 선생님들에게 부탁이나 거절하는 말하기가 너무 힘들다. 그래서 다른 사람들이 자신에게 부탁하는 것은 대부분 다 들어 주려고 노력한다. 그런데 그러고 나면 굉장히 지친다며, 관계를 해치지 않으면서 어떻게 주변 선생님들에게 자기 마음을 표현할 수 있을지 고민한다.

많은 선생님들이 학생, 학부모, 동료 교사에게 어떻게 말해야 할지 고민한다. '상대방 말 반영하기', '솔직한 정서 표현', '내 바람 표현', '수단과 방법 제안하기' 방법을 안내한다. 상대방의 이야기를 간단한 공감으로 들은 후 그에 대한 '내 감정'이나 '내 바람', '수단과 방법'을 선택하여 자기 표현하는 방법을 제안한다.

내가 하고 싶은 말이 있을 때, 내 이야기를 먼저 하기보다 '상대방 말 반영하기'로 우선 상대방의 말을 요약하고 말하는 것이 내 이야기가 상대방에게 들릴 가능성을 높여 준다. 공 놀이를 할 때에도 상대방을 살피지 않고 공을 마구 던지면 상대방이 받을 수 없다. 마찬가지로 상대방이 던진 공도 내가 잘 받았다고 확인해 준 후 상대방에게 공을 던지면, 상대방도 공을 더 잘 받을 수 있다. 간단하게 상대방의 말을 요약해도 좋고, 상대방이 처한 상황이나 강한 감정을 한 번 반복하는 것도 좋은 방법이다.

자기 표현 중 '솔직한 정서 표현'을 안내하면, 왠지 정서 표현을 하면 안 될 것 같다고 말하는 선생님들이 있다. '지친다, 슬프다, 아쉽다, 안타깝다' 등 정서를 표현하는 것이 교사인 나를 약하게 보이게 하고 권위를 떨어뜨리는 것은 아닐까, 혹은 내 감정을 다른 사람에게 책임 지우는 것은 아닐까 걱정한다. 그러나 교사의 정서 표현은 스스로의 상태를 확인하고 진솔한 연결이 이루어지도록 돕는다. 이번 내용은 〈비폭력 대화〉(마셜 B. 로젠버그)의 철학과 방법을 소개한 것으로 교실에서 유연하게 사용할 수 있도록 사례를 제시한다.

사례 1 교사와 학생

상황	수업 시간 내내 엎드려 있는 학생에게
상대방 말 반영하기	지쳐 보이네.
솔직한 정서 표현	매번 자니까 선생님은 걱정되고, 속상한 마음이 들어.

사례 2 교사와 학생

상황	아주 사소한 일도 매번 교사에게 이르는 학생에게
상대방 말 반영하기	교실 문제를 잘 바로잡고 싶구나.
솔직한 정서 표현	선생님도 반복적으로 일어나는 일이라 고민되고, 지치기도 하네.

사례 3 교사와 학부모

상황	담임교사의 말로 아이가 상처받아 부모에게 항의를 받는 상황
상대방 말 반영하기	아이 마음을 잘 돌보고, 아이가 학급에서 잘 지낼 수 있기를 바라시는 거죠.
솔직한 정서 표현	말씀드리는 것이 주저되지만, 저도 아쉬운 마음이 많이 드네요.

사례 4 동료 교사

상황	동료 교사가 업무를 우리 부서로 재배정해 달라며 요청하는 상황
상대방 말 반영하기	이 업무 배정을 제 역할에 맞는 부서가 했으면 하시는 거죠?
솔직한 정서 표현	저도 지금 갑작스럽게 이야기를 들어서 판단하기가 어렵네요.

솔직한 정서 표현은 상대방과의 대화에 여유를 만든다. 습관적으로 다른 사람들에게 '제가 할게요!' 하거나 '저는 이것을 안 합니다' 하고 상대방에게 통보하는 말을 하기 전에, 의견과 의견 사이에 여유를 두어 스스로 좀 더 생각하고 충분히 자기 마음속 깊은 이야기를 전하도록 준비할 수 있다.

같이 연습할 동료 모임이 있다면 역할극으로 당사자와 상대방 역할을 번갈아 연습해 보는 것이 좋다. 이것을 연습했던 한 선생님의 소감이 인상적이었는데, "항의하는 부모 입장에서, '저도 아쉬운 마음이 많이 드네요' 하는 교사의 정서 표현을 들으니 죽비를 맞은 것처럼 정신이 번쩍 들었다"고 하였다. 부모 입장에서 들으니 '선생님을 힘들게 할 생각은 없었는데' 하는 생각이 들면서 문득 선생님 입장이 헤아려지게 됐다고 하였다. 이렇게 교사의 정서 표현은 상대방에게 생각할 수 있는 지점과 나를 배려할 수 있는 지점을 만들어 주기도 한다.

'감정'이라는 단어 대신 '정서'라는 단어를 선택한 것은, 감정과 동일시된 상태로 '화가 났어요', '슬픕니다' 등으로 이야기하기보다 '지금 서운한 마음이 드네요', '지금 갑작스러운 마음이 들어요'처럼 내 마음을 알아차리고 관찰하면서 조금 객관적인 상태로 감정을 전달했으면 해서이다.

정서를 표현하면 자연스럽게 그 뒤에 '이야기(story – 내 상황, 생각, 판단 등)'가 따라온다. 이때 내 이야기를 내가 공감하고 돌본 후 자기 이해가 된 상태에서 정제해서 표현하는 것이 좋다. 머릿속에 뒤엉켜서 흐르고 있는 생각 중에는 '적 이미지(상대방을 비난하는 마음), 가치 판단, 우열 의식' 들이 있을 수 있는데, 그것이 그대로 표현되면 상대방도 큰 상처를 입을 수 있기 때문이다. 서로의 마음에 상처를 내는 대화는 문제 해결로 나아갈 수 없다. 내 이야기를 스스로 공감하면 자연스럽게 내 바람이 떠오른다. 앞에서 소개한 사례에 내 바람을 잘 표현해 보자.

상황	수업 시간 내내 엎드려 있는 학생에게
반영하기	지쳐 보이네.
솔직한 정서 표현	매번 자니까 선생님은 걱정되고, 속상한 마음이 들어.
내 바람 표현	이유도 알고 싶고, 도움이 필요한 것이 있는지 확인하고 싶어.

사례 2

상황	아주 사소한 일도 매번 교사에게 이르는 학생에게
반영하기	교실 문제를 잘 바로잡고 싶구나.
솔직한 정서 표현	선생님도 반복적으로 일어나는 일이라 고민되고, 지치기도 하네.
내 바람 표현	교실에서 아이들 스스로 잘 지킬 수 있는 방법을 찾아보고 싶네.

사례 3

상황	담임교사의 말로 아이가 상처받아 부모에게 항의를 받는 상황
반영하기	아이 마음을 잘 돌보고, 아이가 학급에서 잘 지낼 수 있기를 바라시는 거죠.
솔직한 정서 표현	말씀드리는 것이 주저되지만, 저도 아쉬운 마음이 많이 드네요.
내 바람 표현	어머님 이야기도 듣고, 아이를 도울 수 있는 방법을 찾고 싶습니다.

사례 4

상황	동료 교사가 업무를 우리 부서로 재배정해 달라며 요청하는 상황
반영하기	이 업무 배정을 제 역할에 맞는 부서가 했으면 하시는 거죠?
솔직한 정서 표현	저도 지금 갑작스럽게 이야기를 들어서 판단하기가 어렵네요.
내 바람 표현	저도 공정한 업무 배정이 중요하다고 생각하고, 갑자기 일을 맡게 되어 누군가가 힘든 상황이 생기지 않기를 바라요.

바람을 잘 표현하기만 해도 진심이 표현되었다고 볼 수 있다. 진심이 통했을 때 구체적인 방법을 제안하는 것은 대화에서 함께 출구를 찾는 것과 비슷하다. 수단과 방법을 제안할 때는 '긍정적'이고 '구체적'인 '행동 언어'로 제안하는 것이 중요하다.*

'~을 하지 말라'는 부정적 제안은 무엇을 해야 하는지 분명하지 않으며, 저항감을 불러올 수 있다. 또 모호하고 추상적인 제안은 상대방을 혼란스럽게 한다. '책임감 있게 반장 역할을 해 줘'라는 제안은 교사의 막연한 부탁이다. 이 말을 들은 반장은 무엇을 해야 할지 몰라 혼란스러울 수 있다. 이럴 땐 '학급 회의 일주일 전에 학생들에게 건의 사항을 받아 주겠니?' 같은 제안이 '긍정적이고 구체적인 행동 언어'가 될 수 있다.

다음과 같이 수단과 방법을 긍정적이고 구체적인 행동 언어로 표현하는 연습을 해본다.

---

* 〈비폭력 대화〉, 마셜 B. 로젠버그

사례 1 선생님과 점심시간에 학교 한 바퀴 돌면서 산책할까?

사례 2 오늘 종례 시간에 15분 정도 학급 회의를 하면서 친구들 의견을 들어 보면 어때?

사례 3 어머님, 잠시 차 한 잔 드시면서 천천히 대화할 수 있을까요? (전화상이라면) 어머님, 잠시 제가 이해하면서 따라갈 수 있도록 천천히 얘기해 주실 수 있을까요?

사례 4 저도 부서 선생님들과 상의하면서 일을 같이 협력해서 할 수 있는 방법이 있는지 찾고 싶은데요. 부서 협의 시간을 주시겠어요?

여기서는 '솔직한 감정 표현, 내 바람 표현, 구체적인 수단·방법 제안하기' 순서로 진행했지만, 이 순서를 꼭 지키지 않아도 된다. 이미 내 바람을 알아차렸고 내 마음이 고요하고 안정적이라면 상대방의 이야기를 한 번 반영한 후 바로 수단과 방법을 이야기해도 좋다.

부모가 거칠게 항의할 때 내 내면이 안정적이고 고요한 상태라면, 내 마음과 부모의 마음 모두를 이해하면서 "어머님, 잠시만요. 제가 잘 듣고 싶은데, 조금만 천천히 이야기해 주실 수 있을까요?"라고 바로 수단, 방법 제안하기를 한다.

학생이 학급에서 겪는 불편한 일로 자주 찾아올 때도, 내 마음과 학생의 불편한 마음을 동시에 이해하면서 "그랬구나. 오늘 종례 때 15분 학급 회의를 한 번 하고 학생들 스스로 약속을 지킬 수 있도록 상의해 보자"고 제안해 본다.

그러나 내 내면이 안정적이지 않고 무언가 불편하다면 시간을 달라고 부탁하고 솔직한 정서, 내 바람, 수단, 방법까지 내 마음을 먼저 살펴본 후 상대방과 다시 대화하는 것이 진솔한 소통에 도움이 된다. 듣기·말하기에 정답은 없지만, 좀 더 진솔하게 표현하고 소통하고 싶을 때 비폭력 대화 방법을 연습하면 좋겠다.

다음은 선생님들이 어려워하는 표현 중 부탁과 거절하기, 그리고 학생들에게 은근슬쩍 넘어가기도 하는 사과 표현, 교정했으면 하는 칭찬 표현하기를 제안해 보려고 한다. 여러 가지 상황이 적힌 쪽지를 뽑아서 선생님들이 직접 역할극으로 표현하기를 연습해도 좋다. 이 과정에서 선생님들은 자신이 어떤 말하기를 어려워하는지 확인할 수 있다. 이런 마음을 자기 공감으로 돌보면서 자기 표현을 연습한다. 연습을 하며 선생님들은 자신의 마음을 솔직하고 진솔하게 표현하는 것은 다른 사람에게 선물이 될 수 있다는 자신감을 갖게 된다.

많은 사람들이 잘 표현하지 못하는 말이 '부탁하기'와 '거절하기'다. 나는 어떤가? 잘 부탁하고 거절할 수 있는가? 만약 그렇지 않다면 강한 신념이 내면을 사로잡고 있기 때문이다. '다른 사람의 감정과 생각에 책임져야 한다', '민폐를 끼치면 안 돼' 하는 생각으로 다른 사람을 위해, 혹은 상황을 빨리 수습하기 위해 나 자신을 불편하게 만들며 살아간다. '책임감'이라는 이름의 신념이다.

비폭력 대화 책에는 '자신의 욕구를 솔직하고 분명하게 말하지 못할 때 우리는 인생에서 비싼 대가를 치르게 된다', '부탁하기는 내 삶을 풍요롭게 하기 위해 다른 사람들에게 기회를 주는 행동이다' 같은 표현이 나온다. 잘 생각해 보면 나도 누군가의 부탁을 받고 흔쾌히 들어줄 때 뿌듯함을 느낀다. 누군가를 돕는 행위가 '아, 나도 누군가를 도울 수 있는 사람이구나!' 하는 효능감을 느끼게 한다. 학생들도 선생님을 도울 수 있을 때 효능감을 느낀다. 학생들에게 부탁을 자주 해보자. 학생들에게도 효능감을 느낄 기회가 될 수 있다.

거절하지 못한 일은 억지로 하게 된다. 만일 내가 이렇게까지 억지로 하고 있는 것을 부탁한 사람이 알게 된다면 어떨까? 역지사지로, 선생님이 한 부탁을 누군가가 억지로 하면서 힘든 마음을 가지고 있다면 그것이 선생님이 원하는 일인가?

부탁하기와 거절하기는 상대방과 더 깊이 연결되기 위한 계기가 된다. 부탁하기와 거절하기를 상대방에게 선물한다고 생각하고 연습해 본다.

●●● 연습하기 ···

상황 쪽지	
〈부탁하기 연습〉 어제 청소 당번을 맡은 학생이 청소하지 않고 집에 갔다. 이 학생이 청소하지 않은 적은 이번이 처음이 아니라 자주 반복된 일이다. 다른 학생들에게서도 불만이 나오고 있다.	**〈거절하기 연습〉** 다음 학년도 업무와 학년 배정을 할 시기가 되었다. 교감 선생님이 선생님을 부르더니 선생님이 정말 피하고 싶었던 학년을 다시 맡으라고 한다. 선생님은 이미 그 학년을(또는 그 학생들을) 올해 겪었고 내년에 다시 겪고 싶지는 않다고 생각해 왔다.
〈솔직한 자기 표현 연습〉 우리 반의 회장은 똑똑하고 친구들에게 인기가 많다. 학급에서는 회장과 친한 학생들, 그리고 회장 무리에서 소외된 학생들로 나누어져 있다. 누구에게 어떤 표현을 해볼까?	**〈거절하기 연습〉** 교감 선생님이 선생님에게 메신저로 공문을 주며 이 업무를 처리하라고 지시를 내렸다. 그런데 공문을 살펴보니 선생님이 맡은 업무가 아닐 뿐더러 시일도 촉박하게 지정되어 있다.
(자기 사연을 적어 보세요)	(자기 사연을 적어 보세요)

1. 부탁하기 사례

"선생님, 저희 부서 업무가 바빠서 이번 대의원 회의 진행에 이 순서로 진행해 주실 수 있으세요?"

"어머님, 전화보다 학교로 한 번 오셔서 이야기 나눠 주시면 좀 더 상세하게 이야기 나눌 수 있을 것 같습니다."

2. 자기 마음을 깊이 이해한 상태에서 거절 사례

"○○아, 선생님이 네 이야기도 듣고 싶은데, 오늘 5시부터 꼭 해야 할 수행 평가 채점이 있거든. 오늘 이야기는 내일 오후 5시쯤 다시 이야기해도 괜찮을까?"

"선생님, 우리 부서 협의 결과 이 업무 내용이 우리 부서에서 처리하기에 힘든 부분이 있어서 어렵겠습니다."

긍정적이든 부정적이든 서로 영향을 주고받는 일은 우리의 일상이다. 내가 아무렇지도 않게 한 말이 상대방에게는 오랫동안 상처로 남을 수 있는데, 때로 우리는 학생들에게 상처를 주고 미안하다는 이야기를 빠뜨리는 경우가 있다. 동료 교사들과 갈등이 생겼을 때 그냥 자연스럽게 멀어지기를 선택하는 경우도 많다. 자존심 때문에, 내 마음을 다 알아주겠지 하고 넘기지 않고, '미안하다'고 정확하게 표현한다. 미안하다는 표현은 다시 대화의 물꼬를 트고 소통을 할 수 있도록 해 준다. 마음이 서로 통할 때 회복될 수 있다.

하지만 미안하다는 말속에는 '내 잘못이야' 하는 의미가 내포되어 있어 말하기 불편할 때가 있다. 그래서 '내가 잘못했어'의 의미를 담은 표현보다, 상대방의 다친 마음을 위로하고 그 사람의 소중한 마음을 존중하는 의미를 담은 표현을 제안하고 싶다.

3. 사과하기 사례

"듣고 나니 그때 네가 얼마나 속상했을지 이제 충분히 이해했어."

"정말 ~을 중요하게 생각하고 있는 것을 알겠어요."

"그때 충분히 당신을 배려하지 못해서 나도 너무 아쉽고 후회가
돼요."

위 표현은 내 행동으로 인한 상대방의 아픈 마음을 이해하는 사과 표
현이다. 그다음에 그때 내가 왜 그랬는지 상대방에게 말하는 것은 선택
이다. 상대방이 나를 이해하지 않아도 나 스스로 충분히 이해가 됐다면
굳이 이야기하지 않아도 된다. 그러나 상대방에게 내 이유를 말하고 이
해받는 순간 충분한 소통으로 기쁜 마음이 찾아온다.

칭찬의 표현도 연습이 필요하다. 무분별한 칭찬은 아이들의 자아상을
부풀린다. 부풀려진 자아상은 자신만이 특별하다는 가짜 감정을 가지게
한다.* 이런 상태는 칭찬에 조건화되어 인정받지 못하면 쓸모없는 사람
으로 자신을 인식하고, 오히려 성취에 갈증을 느끼고 무기력에 빠지게
한다.

높은 자존감은 지금 일어나는 일들이 나 자신의 정체성과 내 가치와
는 상관이 없다는 것을 알게 될 때 이를 수 있다. 나 자신이 다른 사람과
비교하여 우월하거나 열등한 것이 아니라, 모든 인간이 각각 다른 점을

---

* 〈love yourself〉, 크리스틴 네프

가지고 있고, 나는 이런 특질을 가지고 있다는 것을 이해하고 사랑할 때 높아진다. 그래서 칭찬하기보다 알아 주기 표현을 하는 것이 좋다.

다음과 같이 학생이 보여 주는 모습과 노력을 단지 알아 주기만 해도 학생이 자신을 이해할 수 있는 계기가 된다.

4. 칭찬보다 알아 주기 사례

- 국어 시간 시 짓기 시간에 시상을 떠올리는 아이에게
  '시상을 떠올리는 중이구나.'
- 평소 공부에 관심이 없지만 이번 수업 시간에 착실하게 학습지를 채우려고 노력한 아이에게
  '학습지를 채우려고 많이 노력했겠네!'
- 수업 시간에 집중하기 위해 선생님과 눈 마주치기를 열심히 하고 있는 아이에게
  '오늘 수업 듣는 눈빛이 진지하구나.'
- 수업 시간에 소곤소곤 친구랑 떠드는 아이에게
  '수업을 방해하지 않으려고 소곤소곤 애써 주는 것은 고마우나 조용히 해 주겠니.'
- 복도에서 힘차게 인사를 하는 아이에게
  '덕분에 같이 힘이 나네.'

이번 장이 상처받은 마음에 스스로 2차, 3차 또다시 상처를 내고 있는 선생님들에게 따뜻한 자기 공감 시간이 되었으면 한다. 다른 사람은 내 상처의 깊이를 아무도 가늠하지 못한다. 오직 자신만 알 수 있다. 자신의 상처를 깊은 사랑의 마음으로 돌보다 보면 그 상처 아래에 정말 소중하

게 지키고 싶은 것이 있다는 것을 알게 된다. 그 소중한 것을 찾고, 그것을 실천하는 실천적 존재로 살아갈 때 우리의 상처는 아물 수 있다.

3장

내면 치유로 회복하기

"모든 고통은
전체가 이해될 때 끝난다."*

* 사상가 크리슈나무르티의 말 중에서

내면 아이의 치유가 필요하다

모든 사람은 오랫동안 돌보지 못한 내면 아이와 함께 살아간다. 내면 아이는 어릴 적 경험에서 생긴 마음의 상처다. 어린아이는 감당하기 어려운 감정을 억누르고 자신, 다른 사람, 세상 등에 대해 수많은 판단과 결론을 내려 무의식 속에 저장해 두고 그 생각에 따라 산다. 이것을 '신념과 조건화'라고 하는데, 이해하기 쉽게 '내면 아이'라는 단어를 사용한다. 실제로 작은 아이가 내면에 있다는 것이 아니라, 어린 시절에 묻어 놓은 감정과 신념이 성인이 되어서도 내 생각, 감정, 감각, 행동에 큰 영향을 끼친다는 의미다.

교사는 자신의 내면 아이를 발견하고 돌보는 일에 적극적이어야 한다. 왜냐하면 이것이 어린 학생들을 만나는 데 아주 큰 영향을 끼치기 때문이다. 특정한 일에 과도하게 통제, 억압의 모습을 보이거나 그 문제를 회피하기 위해 학생의 특정 행동을 방임하거나 방치해서 자연스러운 교육 활동을 방해할 수 있다.

때로 동료 교사들과 협력을 해야 할 때 영향을 끼쳐 큰 감정들을 일으키기도 한다. 관리자의 이야기를 들을 때 왠지 모든 것을 잘 해내서 인정받고 싶은 마음이 들거나, 그 반대로 모든 이야기에 반항심이 올라와서 아무것도 하기 싫기도 한다. 또 잘난 척하거나 이기적이라고 생각하는 선생님들이 너무 싫어서 관계를 단절하기도 한다. 이 모든 것에 힘을 쓰다 보니 머리가 복잡해지고 감정들도 많이 올라와 힘이 든다.

작은 업무 실수 하나에도 스스로 자책하며 다그치고, 급기야 끊임없는 자기 의심과 불안에 시달리기도 한다. 이 모든 것이 내면 아이의 작용이다. 감당하기 어려운 감정들은 대부분 내면 아이의 작용이라고 해도 좋을 만큼 내면 아이는 지금의 내 태도와 삶에 큰 영향을 끼친다.

나는 삶에서 꾸준히 이 내면 아이를 알아차리고 치유하고 돌보고 있다. 몇몇 선생님들과 내면 아이 치유를 위한 대화를 진행하고 있는데, 그 과정에서 내면 아이가 선생님의 교육 활동에 얼마나 큰 영향을 끼치고 있는지 더 많이 알게 된다.

심리 상담 공부를 하는 선생님들은 내면 아이 치유를 꽤 어려워한다. 아주 어릴 때부터 숨겨 놓고 외면해 온 상처 안에는 직면하기 힘든 큰 감정이 있어서 이것을 만났을 때 돌보기보다 사로잡히기 쉽다. 너무 큰 감정을 만나 이것에 동일시되어 사로잡히면 꽤 오랫동안 내면 아이를 돌보는 시간을 가져야 할 때도 있다. 그러나 이 과정을 거치면 교육 활동에서 만나는 학생들과 동료 교사, 학부모들과의 관계가 편안해지고 개인적인 삶도 조금씩 후련해진다.

내면 아이 치유를 할 때 꼭 알고 시작했으면 하는 부분이 세 가지가 있다.

첫 번째는 '동일시와 관찰'이다. 어렸을 적 꽁꽁 얼려 두었던 감정을 만나고 돌볼 때, 워낙 큰 감정이어서 동일시되어 휘둘리게 되기 쉽다. 나도 몇 명의 심리 상담 분야 지도자에게 내면 아이 치유 상담을 받은 적이 있다. 지도자들과 함께 과거의 어릴 적 경험으로 찾아가는데, 어릴 적 매우 힘든 경험을 겪었던 때의 감정과 동일시되었던 기억이 있다.

지도자들이 이때 사용했던 방법들이 '긍정적 기억 떠올리기', '힘겨움 속에서 살아온 자기 힘 떠올리기', '상상력을 동원한 이미지로 치유하기' 등이다. 이런 방법들은 동일시된 감정의 괴로움에서 일시적으로 벗어날 수 있도록 해 준다. 그러나 자기 상처를 근본적으로 돌보지는 못한다. 그래서 상담을 끝나고 집에 오면 며칠 지나지 않아 다시 힘든 감정들과 동일시되어 지내곤 했다. 왜 그럴까 한참 고민을 하고 여러 방법들을 찾아다녔는데, 그 답은 '관찰'에 있었다.

감정에 휘둘리지 않고 돌보려면 관찰 방법으로 지켜보고 공감하고 돌봐야 한다. 동일시되어 버린 감정은 돌보기 어렵다. 내가 동일시된 줄도 모르고 휘말리는 경우도 많다. 그래서 내면 아이 치유 과정에 들어갈 때는 동일시되어 있는 내 상태를 알아차리고 감정을 관찰하는 태도를 익힌다.

두 번째로 중요한 점은 '한없이 자비롭고 따뜻한 태도로 관찰'하는 태도를 가져야 한다는 것이다. 관찰도 '분석적이고 건조한 관찰'이 있다. 자기의 어린 시절 기억이 사실인지 아닌지, 그때 나는 왜 이런 감정을 가지게 되었는지, 그 경험에서 이런 감정을 가지게 된 것이 오류가 아닌지, 그 감정을 어떻게 고치고 해결해야 할지 분석하면서 어린 시절 기억을 만나는 태도가 그렇다.

이런 태도의 중요한 동기는 '고치기'다. 감정조차 대상화하여 지금 나를 긍정적으로 만들기 위해 부정적인 감정들을 만나는 것이다. 만약 그런 목적으로 내면 아이를 만난다면 앞으로도 부정적인 감정들은 절대 없어지지 않는다. 부정적인 감정들을 고치고 수정하기 위해 노력한 만큼 부정적인 감정들은 무의식 속에서 더 커진다.

있는 그대로의 감정을 이해하고 따뜻하게 수용하는 태도로 관찰한다. 이제는 성인이 된 내가 자비롭고 자애로운 엄마처럼 그동안 돌보지 못했던 생각, 감정, 감각을 관찰하면서 따뜻하게 안아 주는 힘으로 만난다. 묵혀 둔 감정의 덩어리는 생각보다 아주 클 수도 있다. 감정의 덩어리가 클수록 더 큰 사랑으로 끌어안아야 한다.

아무도 돌보지 않았던, 나 자신조차 외면했던 외로운 마음, 행여 누구에게 들킬세라 끊임없이 숨기고 가렸던 두려운 마음도 나 자신이 알아주고 만나고 사랑해 주는 것은 어렵지만 정말 뭉클하고 감동스러운 여정이다. 이런 마음으로 나 자신을 사랑하는 경험을 한 사람은 넓고 관대한 마음으로 다른 사람을 만날 수 있다.

세 번째는 '신념과 조건화'를 알아차리는 단계까지 나아가는 것이다. 내면 아이를 치유한다는 것은 그동안 못 알아준 감정을 만나는 것만 의미하는 것이 아니다. 충분히 감정을 만나고 돌보는 과정이 지나면 그 장면을 좀 더 차분하게 바라볼 수 있다. 그다음 당시 어린 내가 판단하고 가졌던 신념과 조건화를 알아차리는 단계까지 나아간다. 그때 가졌던 신념과 조건화가 지금의 내 삶을 계속 조종하고 있기 때문이다.

어린 시절 왕따의 경험이 있는 사람은 '아무도 나를 반겨 주지 않을 거야' 하는 신념을 가질 수 있다. 그러면 그 사람은 어느 자리에서든 환대받기 위해 '끊임없이 노력해야 해!' 같은 신념과 조건화를 가지고 행동하며 살아간다. 어딘가에 소속되기 위해 애쓰고 인정받기 위해 긴장 속에서 다른 사람의 눈치를 보면서 산다.

또 어린 시절 사랑하는 사람이 고통받는 모습을 지켜본 경험이 있다면 '나는 최선을 다해서 도와야 해'라는 신념을 가질 수 있다. 그러면 그 사람은 누군가를 돕기 위해 소진될 때까지 최선을 다하는 조건을 스스로 지우며 살아갈 수 있다. 돕는 행동을 해야 자신의 존재 이유가 충족되는 것처럼 느끼면서. 이런 신념과 조건화를 정확하게 찾아내고 돌보면 그 조건화로 인해 기계적으로 관계를 맺으며 살아가는 모습에서 천천히 벗어나게 된다. 나 자신과 타인에 대한 깊은 이해의 눈이 생긴다.

지금까지 설명한 것이 '알아차림(awareness)'의 방법으로 내면 아이를 치유하는 과정이다. 요약하면 '동일시와 관찰', '따뜻하고 자비로운 관찰', '신념과 조건화 알아차리기'가 중요한 지점이다. 나는 이 방법으로 '늘 인정받기 위해 다른 사람을 만족시키는 내면 아이', '누군가를 위해 소진될 때까지 돕는 내면 아이', '형편없는 자신을 돋보이게 하기 위해 끊임없이 성취해 내는 내면 아이'를 알아차리고 감정과 생각, 조건화를 따뜻하게 돌보고 있다. 내면 아이 치유 작업을 꾸준히 실천하면서 내 삶, 그리고 다른 사람과의 관계에서 큰 변화를 갖게 되었다. 선생님들에게 꼭 추천하는 과정이다.

○ 선생님은 부모의 다툼을 늘 가까이에서 보면서 자랐다. 부모님은 식당 운영으로 항상 바빴는데, 서로 화를 내거나 짜증을 내며 많이 다퉜다. 그러다 몸싸움을 벌이기도 했는데, 결국 아버지가 어머니를 때리고 어머니는 맞을 수밖에 없는 상황이 벌어졌다. 그러면 어린 ○ 선생님은 어머니를 도우려고 아버지와 싸웠다.

대화하면서 만난 어린 ○ 선생님의 아픔과 억울함, 서러움, 가슴 아픔과 '알아차림, 따뜻한 관찰'로 함께 있었다. ○ 선생님은 어린 자신 안에 이렇게 아픈 감정이 있었다는 것을 처음 느껴 본다고 했다. 감정을 꼭꼭 숨겨둔 채로 무의식에 신념과 조건화를 깊이 아로새겼고 그 신념에 따라 살아 온 것이다. 한참 그 감정에 함께 있고 난 후 '그때 어린 ○ 선생님 마음속에 깊이 새긴 신념은 무엇인가요?' 물었더니, '힘든 사람을 도와야 해' 라고 답했다.

○ 선생님은 교사로서 '소진' 된 상태로 대화를 나누던 중이었다. 그래서 어릴 적 가졌던 신념 '힘든 사람을 도와야 해' 가 지금 교사로서 ○ 선생님의 교육 활동과 어떤 연관이 있는지 탐색해 보았다. 그랬더니 마음이 힘든 학생, 우울한 학생, 학교 폭력으로 힘든 학생 등 모든 학생들을 구하기 위해 소진될 때까지 일을 하고 있었다.

이 신념은 가정에서도 드러나 가족 구성원들을 위해 몸이 닳도록 가사일을 하고 있었고, 심지어는 주말에 집에서 낮잠을 잘 때도 '무언가 더 해야 할 것 같아' 편안하게 쉬지 못했다. 이 모든 것들을 알아차리고, 생활 속에서 자신의 신념이 드러날 때마다 그 신념에 공감하고 감사 표현을 하고 위로하고 격려하기를 실천하였다.

선생님은 이제 '힘든 사람을 구해야 해' 라는 신념이 드러나 작용하는 지점을 알아차리고 균형감 있게 조율할 수 있다. 중간중간 쉼도 갖고, 너무 애쓰지 않는 상태로 학생을 만나고 업무를 하며 훨씬 자연스럽게 일을 하고 교육 활동을 한다.

P 선생님은 '잘난 척하는 동료 교사', '나에게 충고하는 동료 교사', '아는 척하는 교감, 교장' 을 보면 마음속에서 화가 솟구쳐 비난하는 생각이 많이 올라온다. 그러면서 '내가 이상한 거야. 내가 못됐어', '내가 이해심이 없어' 하는 자기 비난으로 연결된다고 하였다.

선생님의 과거로 가 보니 군인이었던 아버지가 술을 거하게 마시면 자식들을 불러 마루에 무릎을 꿇려 놓고 2시간씩 잔소리를 하는 기억이 있었다. 처음에는 아버지가 옳은 말씀을 하시는구나 하면서 듣는데, 슬슬 잠이 온다. 꾸벅꾸벅 졸고 있으면 아버지가 버럭 소리를 질러서 깜짝 놀라 깼다. 다시 무릎을 꿇고 그 이야기를 들었다. 발도 저리고 이제는 아버지가 무슨 이야기를 하는지도 모르겠으면서 '도대체 언제 끝나는 거야', '고려 시대 이야기를 하시나', '정말 졸려 미치겠네. 일어나 버릴까? 그러면 어떻게 될까?' 하는 여러 가지 생각을 하다가 겨우겨우 어머니가 아버지를 달래서 상황을 정리해 주면 잠을 잘 수 있었다고 한다.

선생님은 그때의 마음을 떠올리고는 꾸역꾸역 참았던 분노, 어른에 대한 경멸, 길어지는 말에 대한 혐오 등을 한참 동안 알아차림으로 관찰하며 공감했다. 그리고 그때 마음속에 깊이 새겨진 신념도 찾아냈다.

'힘이 있는 사람은 다른 사람들을 배려해야 해.'

학식이 높은 사람은 겸손해야 한다, 경력이 많은 사람은 다른 사람을 배려해야 한다, 힘이 있는 교감, 교장은 교사들을 배려해야 한다는 생각이 여러 관계 속에서 선생님을 불편한 감정 속에 있게 했던 것이다. 이 감정과 생각을 생활 속에서 돌보다 보면 나에게 충고한다고 생각하는 교사에게 '선생님, 저 알아요' 하고 편하게 말할 수 있고, 교감, 교장 선생님의 이야기에 편안하게 자기 표현을 하거나, 아니면 교감, 교장 선생님의 이야기에 담긴 의도와 생각을 잘 파악하는 소통으로 갈 수 있다.

여러 선생님과 내면 아이 대화를 하면서 느낀 것은 생각보다 많은 선생님들이 겉으로 드러나지 않는 어린 시절의 상처를 안고 살아가고 있다는 것이다. 왜 그럴까 생각했는데, 이것은 시대와 사회의 아픔이었다.

지금 선생님들은 전쟁 후 세대의 자녀들도 있고, 무한 경쟁 시대에서 낙오에 대한 불안감을 가진 이들의 자녀이기도 하다. 그래서 가지고 있는 상처들이 전부 비슷하다.

만약 우리의 깊은 상처가 전 세대에서 우리에게 대물림된 것이라면, 우리가 가진 상처를 다시 다음 세대에 대물림하면 안 되지 않겠는가? 그만큼 내면 아이 치유는 굉장히 중요한 마음 치유라고 할 수 있다.

내면 아이는 스스로 찾아가야 한다. 내 어릴 적 경험에서 만든 신념과 조건화는 자기 스스로 만들기 때문에 자기 자신만 정확하게 알 수 있다. 다음에 내면 아이 찾기 과정을 좀 더 상세하게 적었다. 스스로 해보고 전문적 학습 공동체에서 나누면서, 근본적으로 자기를 돌보고 훨씬 편안하고 자유롭게 교육 활동을 하기를 바란다.

내면 아이 만나고 돌보기

　내면 아이를 찾아갈 때는 현재 내 삶 속에서 내면의 걸림이 있는 지점을 포착하여 찾아가는 것이 가장 좋다. 과거에 있었던 기억을 무작정 떠올리는 방법은 지금 내 상태와 관련 있는 것이 아니어서 건조하고 분석적으로 접근하게 될 가능성이 높다. 분석하면 고치려 들게 되기 쉽다. 내면 아이 작업을 하는 것은 내가 지금 이 순간을 잘 살아가기 위한 것이라서, 현재에 영향을 끼치는 일을 먼저 포착해 찾아가는 방식으로 시작한다.

● ● ● **연습하기** ···

내면 상태를 온전히 느끼면서 과거의 기억 떠올리기

1. 머리로 분석하지 않는다.

'내 어떤 일이 이것과 관련 있지?', '내가 다 해결할 거야', '이 기억이 사실일까?' 등의 생각으로 가지 않는다.

2. 몸과 마음의 상태를 있는 그대로 따뜻하게 관찰하면서 느낀다.

'그랬구나. 이런 감각과 감정이 있었구나' 하고 관찰하면서 함께 있는다. 그 에너지를 깊이 느끼고 알아주면 불현듯 어떤 장면이 떠오르거나 기억이 떠오른다. 내면에게 조용히 말을 걸어도 된다.

'내가 너를 깊이 이해하고 싶어. 내가 왜 그런지 궁금해. 알려 줄래?'

기억이 떠오르지 않을 수도 있다. 그렇다면 감정과 감각을 공감하면서, 생활 속에서 이 감정이 올라올 때 그냥 지나가지 않고 따뜻한 관찰로 '이 감정이 또 왔구나' 하고 알아차림을 하다 보면 문득 기억이 떠오르는 경우도 있다.

3. 이 과정을 글로 써 본다.

머릿속에 구름처럼 막연하게 있던 내면 아이를 명료하게 이해할 수 있다.

다음에 소개하는 사례에서 내면 아이를 만나고 돌보는 과정을 구체적으로 살펴볼 수 있다.

> **사례** 내면이 움직일 때 내면의 상태를 온전히 느끼기
>
> 아무 말하지 않고 무기력한 학생이 있다. 그 아이가 무기력한 모습을 볼 때 무척 속상하고 가슴이 아프기도 하다. 수업 시간에 내 준 과제를 하지 않을 때는 '그러더라도 해야지!' 하는 생각이 들어서 무기력한 아이와 자꾸 부딪힌다. 그 아이를 불러서 달래며 상담하기도 하고, 화를 내기도 했다. 변하지 않는 그 아

이가 자꾸 짜증이 났다. 수업 시간에는 그 아이가 너무 신경이 쓰여 그쪽만 쳐다보게 된다.

무기력한 아이를 바라보는 내 마음 뒤에 '화가 나도록 안타까운 감정'이 있다는 것을 알게 되었다. 그 아이 때문이 아닌 내 감정이라는 것을 받아들이고, 불덩어리 같은 그 감정을 피하지 않고 관찰하며 고스란히 껴안았다. 가슴 화끈거림과 배 한가운데 서늘함을 그대로 느끼니 큰 슬픔이 올라왔다. 있는 그대로 마주하면서 이 마음과 감정을 느꼈던 어린 시절을 떠올린다.

　　과거의 경험이 떠오를 때 나 역시 공감하며 만나기를 한다. 나의 사례를 들어, 내면 아이를 만나고 돌보는 과정에 대해 좀 더 설명해 본다. 다음은 떠오른 나의 과거 기억이다.

사례 **나의 과거 기억**

나는 초등학교 때 공부를 잘하지 못했다. 그때 나는 학교에 남아 나머지 공부도 했는데, 학교에서 배우는 것이 무슨 말인지 못 알아들을 때가 많았다. 나머지 공부를 했다는 사실도 숨기고 싶었는데, 우리 집은 동네 한가운데 있어서 친구들보다 한참 늦게 돌아온 날은 고개를 푹 숙이고 동네 아주머니들 눈에 안 띄길 바라면서 집으로 들어왔다.

6학년이 되었고, 잘 지내고 싶은 친구들이 많았다. 축구를 잘하는 멋진 남자 애들도 많았고, 내가 끼고 싶은 여학생 그룹도 있었다. 나는 열등감을 숨기고, 내가 괜찮은 사람인 척 어울렸다. 아이들 비위를 맞추고 억지로 웃으며 나도 잘하는 척, 있는 척 어울렸다.

그러던 어느 날, 선생님이 반 등수대로 1등부터 꼴찌까지 순서대로 자리를 배치하셨다. 나는 두 번째 분단 제일 끝에 앉았다. 반 등수로 하면 20~30등? 앉으

라니까 앉았는데, 얼굴이 화끈거렸다. 첫 번째 분단 아이들은 모두 다 그렇게 잘나 보였다. 옷매무새와 머리 스타일도 참 예뻐 보였다. 남자 애들도 그렇게 멋져 보였다.

그 분단 아이들은 자기들끼리만 이야기를 했다. 나는 너무나도 자존심이 상해서, 아무 말도 하지 않고 그 분단 아이들에게 다가가지도 않았다. 내가 다가가면 내 등수가 티가 날 것 같았다. 내가 드러나지 않도록 최대한 가만히 있다가 집으로 왔다. 억지로 괜찮은 척, 아무렇지 않은 척했지만 마음속에는 큰 슬픔이 있었다.

부모님께 위로받고 싶어 얘기했더니, 공부를 못한 내 잘못이라며 엄한 아버지, 어머니에게 크게 꾸중을 들었다. 그때 내 속상한 감정을 얼려 두었던 것 같다. 부모님께 혼난 후로 울지도, 속상해하지도, 화를 내지도 않는 다소 혼란스러운 상태로 멍하니 의자에 한참 앉아 있었다. 아무것도 할 수가 없었다. 자신도 없었고 무기력해졌다.

떠올린 과거 경험에서 내 감정 돌보기를 하였다. 6학년, 사춘기 소녀의 무너진 자존심과 비참함, 열등감, 수치심이 모두 느껴진다. 마음속이 후끈하고 눈시울이 뜨거워진다. 떠올린 과거 경험에서 내 감정 돌보기를 시작했다. 어른이 된 주미가 어린 주미를 공감하는 마음으로 함께 있었다. 그리고 얼려 둔 감정을 꼭 안고 공감했다. 6학년 때의 감정, 수치심과 두려움, 죄책감, 슬픔, 화, 그리고 혼란스러움을 모두 쏟아 놓았다. 한동안은 마음이 먹먹하여 눈물만 흘렸다. 구체적으로 공감을 해 주기 시작했다.

'그때 정말 부끄러웠구나. 좋아하는 남학생 앞에서 내가 얼마나 형편없는 사람으로 느껴졌는지 참 슬펐구나. 그런 자리 배치를 한 선생님에게 화도 나는구나. 정말 존중받고 싶었지. 학교에서 속상한 마음도 위로받고 싶었겠구나. 너무 당황스럽고 힘들었지. 힘든 상황에 적응하느라 참 애썼어. 좋아하는 남학생에게 호감도 받고 싶었구나. 좋아하는 친구들이랑 스스럼없이 편한 친구 관계를 맺고 즐겁게 보내고 싶었구나. 있는 그대로 얼마나 소중한 사람인지, 사랑받을 만한 사람인지 확인하고 싶었지. 선생님도 그것을 이해해 주었으면 좋았을 걸. 우열 없이 평등한 친구 관계를 맺고 싶었구나. 많이 외로웠지? 누군가에게 그 슬픈 마음을 따뜻하게 이해받고 싶었구나.'

누구에게도 이해받지 못한 채로 오랜 시간 견뎌 온 6학년 주미를 떠올려 글로 쓰며 오랫동안 천천히 공감해 주었다. 돌보지 못했던 내 고통스러운 마음을 한참 동안 공감으로 돌봐 주었다. 울컥하는 마음에 눈물을 흘리기도 했고, 집 근처 좋아하는 냇가에 가서 스스로 위로하는 시간도 가졌다. 이렇게나 큰 감정을 얼려 두었다니 나 스스로 당황스러울 정도였다. 부끄러운 일이 생길까 불안해하며 잔뜩 움츠러든 어린 주미를 만나고 보듬었다.

어린 주미를 만나고 보듬다 보니 아이의 생각이 조금씩 보였다. '무능력한 것은 잘못이다', '나는 형편없는 사람이다' 라는 신념이 보였다. 그리고 '무능력하면 아무도 인정해 주지 않는다' 라는 강력한 조건화도 알아차리게 되었다. 이렇게 나의 신념과 조건화를 만났다.

그 이후부터 신념과 조건화가 내 삶에 어떤 영향을 끼치고 있는지 조금씩 보이게 되었다. 나는 열등감을 다시 느끼지 않기 위해 최선을 다했다. 누군가에게 공부 못하는 아이라고 찍히지 않으려고 노력했다. 어느 자리에 가든 뭔가 아는 사람처럼 보이기 위해 노력했다. 그렇게 힘을 쓰다가 집에 오면 모든 힘이 쭉 빠지는 소진된 상태가 되었다. 그러더라도 나를 채찍질하면서 '이렇게 게으르면 안 돼' 하는 마음으로 살았다.

교실에서는 무기력한 학생들을 만날 때, 내 무기력을 투사하여 그 학생들이 큰 위기에 빠져 있다고 판단하였다. 그 학생들을 보며 슬픔을 느끼고, 무기력하게 있지 말라며 화를 내기도 하면서 내가 소진될 때까지 노력했다. 어린 시절의 나를 구출하려는 노력을 무기력한 학생들에게 한 것이다.

내면 아이를 만난 후로도 무기력한 아이들을 만났을 때 '화가 나도록 안타까운 감정'의 덩어리가 쑥 올라온다면 그 힘을 내가 따뜻하게 바라보며 공감한다. '지금도 저 아이를 보면 슬프고 걱정되지? 어린 시절 슬프고 외로웠던 것처럼 저 아이도 그럴까 봐 걱정되지? 알려 줘서 고마워. 그리고 이제는 내 상처와 저 아이의 일은 다른 거 알지? 저 아이는 나름의 이야기가 있을 거야. 아이의 상태를 한번 확인하고 아이에게 필요한 도움을 알아보자' 하고 나에게 속삭인다.

끝없이 나를 채찍질하고 학생을 채찍질하는 힘, 주변 사람들에게 인정받으려는 힘들을 여러 번 알아차리면서 공감하며 보내니, 이제는 무기력한 아이들을 봐도 그 감정이 올라오지 않는다. 아이들과 천천히 소통하며 여유 있는 마음으로 필요한 도움을 물어보고 도울 수 있다. 내면 아이를 찾아 충분히 돌보고 공감할 때 내면 아이는 사라진다.

내면 아이를 만날 때 신념과 조건화까지 통찰하지 않고, 단지 어릴 적 감정만 만나고 해소하는 것은 절반만 돌보는 셈이다. 어릴 적 억압해 두었던 내 감정과 내 신념(조건화)을 모두 알아차리고, 그 에너지가 지금 내 생활에서 어떻게 작용하는지 전체적으로 이해한다. 다음과 같은 다양한 관점과 각도로 내 머릿속에 있는 신념을 찾으면서 어린 시절에 관련된 경험을 떠올려 보고 그때의 내 가정을 돌보는 시간을 갖는 것도 좋다.

1. 나 자신에 대한 확고한 생각 점검(나는 ~한 사람이야.)
2. 다른 사람들에 대한 생각 점검(사람들은 ~해.)
3. 가까운 사람들에 대한 생각 점검(분명히 저 사람은 ~할 거야.)
4. 세상에 대한 생각 점검(세상은 ~해.)

어릴 적 돌봄받지 못하고 외로움이 가득한 아이, 혹은 두려움이나 분노가 큰 아이처럼 아주 강한 감정의 내면 아이를 만난 경우, 이 감정이 관계 속에서 문득문득 크게 느껴질 것이다. 마음에 눈이 있다면, 한쪽 눈으로는 아이의 감정을 돌보고 다른 한쪽으로는 바깥을 바라보며 일상을 살아간다. 때로는 내면 아이가 간직한 감정의 힘이 너무 크고 강해서 내면 아이가 했던 생각과 조건화가 무엇이었는지 이야기를 들려 주지 못하는 상태일 때도 있다. 강한 감정을 가진 내면 아이를 발견했다면 이후 삶 속에서 꾸준히 그 감정을 관찰하며 돌보기를 한다.

일상의 관계 속에서 이 감정이 올라올 때를 인식하고, 그 감정을 관찰하면서 가만히 느낀다. 무섭고 두렵지만 아주 중요한 사람과 관계 맺기를 할 때처럼 옆에 앉아 있는다. 수시로 공감하는 멘트를 해 주면서. 내면 아이는 그동안 나를 보호하기 위해 온힘을 다해 일했던 에너지다. 그러므로 그 생각, 감정, 감각에게 다음과 같이 감사함을 종종 표현한다.

'그동안 내 삶을 살아 내느라 고생했어. 너 덕분에 지금의 내가 있을 수 있었어. 이제는 내가 살아갈 수 있으니까 옆에서 쉬면서 나를 지켜봐

줘. 내가 틀리면 알려 줘. 정말 고마웠어. 사랑해.'

그 에너지가 신뢰감을 느끼고 조금씩 자기 이야기를 할 수 있는 상태가 될 때까지 충분히 그 감정을 돌본다. 충분한 신뢰를 받은 아이는 이제 말을 할 수 있다. 내면 아이가 말을 편안하게 한다면, 이것을 글로 받아서 모두 적는다. 아이가 되어서 하고 싶은 이야기를 마음껏 적는다. 얼려 두었던 그간의 화, 분노–슬픔, 아쉬움–바람 등 모든 것을 적는다. 그리고 아이의 모든 이야기를 아주 자비로운 태도로 품고 이해해 준다.

'나는 정말 무서워. 이 험난한 세상을 살아가려면 정말 아버지 말대로 해야 맞다고 생각해. 정말 힘들지만 꾸역꾸역 그 일을 해내야 해. 누군가에게 칭얼대도 소용없어. 미뤄도 소용없고 결국 내가 더 어려워질 거야. 나는 정말 홀가분하고 자유롭게 살고 싶었어. 그런데 세상은 절대 그렇게는 살 수 없어. 다 환상이야. 단호해져야 해. 단단해져야 해.'

이제 나는 보살피는 태도로 아이의 모든 이야기를 듣고 보살핀다. 만약 글로 쓴다면 아이의 말에 공감하는 말을 적는다.

'그랬구나. 어린 주미야. 그만큼 많이 버겁고 힘들었구나. 그 버겁고 힘든 것을 열심히 해내느라 힘든 것도 꾹 참고 억지로 일으켜 세우면서 그토록 애를 썼구나. 많이 힘들었지? 편안하게 지내려 해도 많이 불안하지?'

내면 아이가 특정한 어떤 행동을 원하는 경우에는 원하는 것들을 해 준다. 이때 중요한 것은, 아이가 원하는 것을 이해하고 돌보면서 원하는 것들을 해 주는 것과 그것을 인식하지 못하고 단지 현재 어른의 기분을 풀기 위해 하는 것이 다르다는 것이다.

'주말에 외식을 못하면 화가 나고, 식탁에 맛있는 음식이 없으면 정말 형편없는 대접을 받는 것처럼 화를 내는 내면 아이의 모습을 살펴보니, '나는 무가치해'의 신념을 가진 외롭고 허전함이 가득한 어린아이가 있었다. 내면 아이를 찾고 공감을 하고 보살펴도 크림이 들어간 음식과 외식을 하지 않으면 허전한 느낌은 계속되었다. 그래서 어린아이의 외로움, 허전함을 이해하고 그 아이를 깊이 존중하는 마음, 예우하는 마음으로 크림이 들어간 맛있는 음식이나 외식이라는 수단을 선택했다. 그랬더니 내면 아이의 외로움과 허전함이 조금씩 채워지는 느낌이 들었다. 서서히 크림이 들어간 음식에 대해 자유로워졌고, 외식으로부터도 자유로워졌다.'

만약 내면 아이를 의식하지 않고 그냥 크림이 들어간 음식과 외식이 좋아서 계속 먹는다면, 왜 그것이 그렇게 좋은지 모르는 채로 계속해서 찾게 될 것이었다. '힐링'이라는 말로 포장하여 점점 더 비싼 외식, 멋진 음식들을 찾아다니며 행복이라고 여기며 살았을 것이다. 그건 중독이나 집착이 될 수도 있다.

알아차림으로 나를 이해하기

개인적으로 모미나 선생님의 '통합 예술 치유 과정'과 전주 지역 수학 교사인 노학주 선생님의 독서 모임에서 '크리슈나무르티의 알아차림 (awareness)'을 공부한 경험은 내가 나의 감정과 몸의 감각을 그대로 만날 수 있도록 하는 데 큰 도움을 주었다. 통합 예술 치유 과정에서는 몸의 감정과 감각을 아주 섬세하게 포착하고 돌보는 방법을 훈련한다.

많은 사람이 견디기 힘든 감정이 다가오면 그것을 감지하기도 전에 다른 것으로 회피해 버린다. 무의미한 핸드폰 검색이나 드라마나 웹툰, 게임 등에 중독되는 것도 회피의 일종이다. 특히 죄책감이나 두려움, 수치심은 인간이 견디기 가장 힘든 감정이다. 어릴 때, 혹은 상황에 압도되었을 때 사람은 이런 감정들이 너무 견디기 힘들어서 얼려 버리고 다른 것으로 회피하면서 살아간다.

그러나 몸에 쌓인 감각은 사라지지 않고, 몸은 모두 기억한다.* 긴장될 때 등골이 서늘하거나, 화가 날 때 두통이 생긴다거나, 속상할 때 배가 아픈 건 실제로 뇌가, 근육과 세포가 기억하고 있기 때문이다.

통합 예술 치유 과정은 이런 감각들을 그대로 알아차리면서 예술로 끌어내 공감할 수 있도록 도와주었다. 소리로 승화시키거나, 움직임으로 표현해 보거나, 그림으로 그리면서 그 감정, 감각과 함께 있도록 안내하였다. 그리고 공감으로 그것을 보듬을 수 있도록 해 주었다. 감동적인 여정이었고, 고통을 피하지 않고 나의 한 부분으로 보듬으며 살아갈 수 있는 용기를 주는 과정이었다. 내 감각과 감정을 있는 그대로 만나는 훈련을 할 수 있었다.

그 후 크리슈나무르티의 〈자기 혁명〉 책으로 독서 모임을 시작했는데, 내 감정과 감각에 동일시되지 않고 알아차림으로 관찰할 수 있도록 도와주었다. 알아차림은 감정과 감각, 생각, 내 사고 과정 모두를 한 발짝 떨어진 듯이 관찰하지만, 그 에너지 자체를 깊이 공감하면서 자기를 돌보는 태도다. 내 경우, 마음 치유의 여러 방법 중에서도 알아차림 방법으로 서서히 부정적인 감정과 신념, 조건화된 행동들에서 점점 벗어날 수 있었다. 고통 전체를 온전히 이해하고 스스로 치유한 것이다.

어릴 적 자신의 감정을 억압, 통제받은 순간들이 많이 있을 것이다. 나는 지금까지 다섯 장면의 내면 아이를 만났는데, 아주 강한 감정적 어려움이었다. 내면 아이를 만나고 나니 학생들과 주변 사람들을 만날 때 많이 편해지고 고요함과 평온함 속에 잔잔한 기쁨이 있는 상태가 되어, 있는 그대로의 그 사람, 상황과 만날 수 있게 되었다. 물론, 지금도 알아차림으로 나를 이해하는 과정에 있다.

다음에 나오는 활동지를 적으며 내면 아이를 만나고 나를 알아차리는

---

* 〈몸은 기억한다〉, 베셀 반 데어 콜크

연습을 한다. 마음 친구 공동체가 있다면, 그 공동체에서 활동지를 함께 나누기를 제안한다. 내면 아이를 찾고 감정을 만나고 돌보는 일은 기능을 획득하는 일이 아니라 사랑의 태도를 기르는 것이다. 꾸준히 삶 속에서 억압된 내면 아이를 만나고 돌본다면 생활 전반에서 좀 더 편안하고 자유로운 마음으로 지낼 수 있을 것이다. 훨씬 더 풍요롭고 풍성해진다.

자신의 내면 아이를 이해하는 과정은 교사가 학생을 대할 때도 중요하다. 자기 고통을 학생들에게 투사하는 것은 결국 상처를 대물림하는 부모와 같기 때문이다. 자기 고통을 온전히 내 것으로 바라보고 돌볼 수 있을 때, 내 고통이 끝이 난다. 그러고 나면, 비로소 학생을 그 자체로 온전히 이해하고 돌볼 수 있다. 결국 행복한 교사가 교육의 질을 결정한다는 말은 진실이다. 자신이 충만하기에 학생을 있는 그대로 만나고 돌볼 수 있기 때문이다.

1. 가까운 관계, 혹은 삶에서 늘 비슷한 행동을 한 후, 찜찜하거나 마음이 힘든 경험이 있다면 적어 본다. (4~5문장)

> 예) 나는 학기 초에 늘 여러 가지 일을 의욕적으로 시작하다가 힘에 부친다. 그렇지만 누구에게도 일을 축소하자고 하지 못하고 혼자 속상해한다.

2. 그때 어떤 마음인가? 그때 내 생각, 감정이나 몸의 감각을 그대로 적어 본다.

생각	예) 내가 일을 줄여서 하자고 하면 나를 능력 없는 사람이라고 할 거야. 나는 매번 왜 이러는 걸까?
감정이나 몸의 감각	예) 감정 - 부끄럽다. 후회된다. 난감하다. 감각 - 움츠러든다. 배쪽이 시큰거린다. 부끄럽고 얼굴이 화끈거린다.

3. 그 마음을 공감하는 문장들을 적어 본다.

예) 편안하게 말하고 싶은데 말하지 못하고 있어서 답답하기도 하고 힘들지? 다 잘 해내서 사람들에게 인정받고 싶지? 목표로 한 것도 다 이루고 싶지? 그러지 못해서 속상하고 사람들도 이해해 주면 좋겠지?

4. 어린 시절의 경험 중 지금과 비슷한 마음을 느꼈던 기억이 있다면 일기처럼 적어 본다.

예) 어릴 때 가족이 모두 모이면 언니는 똑똑하고 말주변도 좋아서, 동생은 남동 생이고 어려서 귀여움을 받았다. 나는 둘째 딸로 존재감이 없었는데, 그럴 때 '나는 뭘 잘할 수 있지?' 하는 생각에 가득 차 있었다. 그러다 기회가 생기면 웃기기 위해 말을 하거나 인정받기 위해 내가 잘하는 것들을 이야기했는데, 반응이 좋으면 뛸 듯이 좋았고, 반응이 별로 좋지 않으면 '더 잘해야 하나?' 하 는 생각을 했다.

5. 그 아이의 생각과 감정을 있는 그대로 따뜻하게 공감하면서 알아 준다. (충분하게)

예) 어린 주미가 아주 많이 피곤하고 힘들었겠구나. 언니랑 동생은 있는 그대로 인정받는데, 너는 뭔가를 잘해야만 인정받는다고 생각했겠어. 주변 사람들도 늘 관찰하고 살피기도 했고…. 많이 피곤했지? 이제는 그렇게 하지 않고 싶어? 그냥 있어도 예쁨받는 사람이고 싶어?

6. 그때의 영향으로 지금까지 내 삶에 영향을 끼친 신념이나 조건화가 있는가?

예) 어떤 일을 할 때는 뛰어나다고 칭찬받을 정도로 잘해야 한다고 생각하고 최선을 다해서 했다. 그러다 실수가 생기면 나를 꾸짖기도 했고, 수치심이 든다.

7. 어릴 적 경험부터 지금까지 영향받고 있는 부분까지 전체를 따뜻한 마음으로 성찰한다. 올라오는 모든 생각과 감정을 알아주면서 호흡한다.

예) 어린 시절 사랑받기 위해 능력이 있어야 한다고 애쓰며 살아왔구나. 지금까지도 여러 가지 장면에서 그런 마음이 올라와 다시 애쓰기도 하고, 어떤 장면에서는 매우 부끄럽기도 하고, 망설이기도 하는구나. 그런 노력과 모습 전체가 이해돼, 주미야.

트라우마의 이해

내면 아이의 작용은 결국 트라우마 반응과 같다. 우리는 아주 큰 사건에 의해 트라우마를 겪기도 하지만, 통제되고 억압받는 작은 경험을 지속해서 오래 겪을 때도 만성 트라우마의 영향이 뇌와 몸에 깊이 남는다.*

교사라는 직업은 크고 작은 일을 지속해서 겪으며 얼려 둔 감정을 몸에 저장하는 트라우마 반응에 취약하다. 또 학생들 중에도 트라우마 반응을 보이는 아이들이 있다. 선생님이 트라우마 반응을 잘 이해하고 있으면, 자신도 돕고 학생들도 도울 좋은 기회가 된다.

트라우마 반응은 2018년에 방영된 인기 드라마 〈미스터 션샤인〉으로 조금 재밌게 알아보려고 한다. 편하게 읽으며 트라우마 반응을 이해해 보면 좋겠다.

드라마의 시대적 배경은 일본에 서서히 잠식되어 가고 있는 조선 말

---

* 〈몸은 기억한다〉, 베셀 반 데어 콜크

기다. 드라마에는 큰 트라우마를 겪은 두 인물이 나오는데, '유진 초이'과 '구동매'다. 많이들 시청해서 잘 알겠지만 내용을 상기하는 의미로 간단히 설명하자면, 유진 초이는 노비의 아들이고 구동매는 천민의 아들이다.

유진 초이는 어린 시절, 노비였던 아버지가 멍석 매질로 맞아 죽는 것을 목격한다. 주인은 유진까지 마저 죽이고 얼굴이 고운 유진의 어머니를 지체 높은 양반에게 넘기려 했다. 이 계략을 알아차린 유진의 어머니는 임신한 주인마님의 배를 날카로운 물건으로 위협하여, 주인마님의 값비싼 노리개를 어린 아들인 유진에게 던져 주고 도망치게 한다. 유진은 어머니가 시키는 대로 노리개를 들고 멀리 도망치고, 유진이 멀리 도망치는 것을 기다린 어머니는 우물에 뛰어들어 자살한다.

유진은 죽을 고비를 넘기고 도망치다 미국에 가는 배에 오르게 된다. 그 후 우여곡절 끝에 미군 장교가 되어 다시 조선으로 돌아온다. 어린 유진은 비극적인 경험에 슬퍼하거나 분노하거나 그 어떤 저항도 해보지 못한 채 모든 혼란스러움을 몸속에 묻고 오로지 살아남기 위해 살아간다.

한편, 일본 야쿠자의 수장이 된 구동매의 어린 시절 역시 비참했다. 천민은 노비보다 더 비천한 신분으로, 길거리에 나가더라도 다른 사람들과 마주치면 무릎을 꿇고 엎드려 있어야 하는 시대였다. 천민인 구동매의 어머니는 아들의 안전을 위해 동매를 야멸차게 집에서 내쫓는다. 그리고 동매의 어머니와 아버지는 동네 사람들에게 맞아 죽는다. 맞아 죽어 가는 어머니와 아버지를 먼발치에서 지켜보며 안절부절하는 동매를 양반집 손녀인 애신이 가마에 태워 구해 주고, 구동매는 가마 안에서 애신의 부드러운 비단 치마로 자기 입술의 피를 닦으며 자신의 분노를 애기 씨에게 쏟는다. 그 후 구동매는 일본으로 건너가 야쿠자의 삶을 살다가 조선으로 돌아온다.

두 사람은 모두 어린 시절 심각한 정신적 외상을 겪었는데, 뇌는 이 기억을 해마와 편도체에 나눠 담는다. 해마는 장기 기억을 가지고, 편도체는 단기 기억을 갖는다. 해마는 이야기의 맥락을 모두 기억하며 일상적이고 평범한 기억이 있는 것이 특징이고, 편도체는 맥락이 없는 파편화된 기억을 갖는다.

만약 교실에서 선생님이 훈육을 했을 때, 가정에서 부모와 대화하며 원만하게 지낸 학생은 해마의 작용으로 '음, 선생님이 ~을 잘하라고 하시는구나' 하고 일반적인 반응을 보인다. 그런데 가정에서 부모의 폭력에 노출되었던 아이들은 선생님의 작은 잔소리에도 편도체가 '위험해!' 하며 뇌의 뇌간에 경고 신호를 보낸다. 맥박과 호흡이 빨라지고 중추 신경을 자극하여 긴장 상태를 유발한다. 그래서 도망치거나, 싸우거나, 감각을 느끼지 못하도록 무기력하게 만들기도 한다. 교실에서 교사의 훈육에 과하게 대드는 학생들도 트라우마 반응이고, 무척 조용하게 전전긍긍하면서 자신을 숨기는 아이도 사실 트라우마 반응으로 속으로 곪아가는 아이일 수 있다.

편도체는 파편화된 기억을 가지고 있다. 당시의 냄새, 촉감, 색채나 모양, 맛이나 소리 등 한 장면을 기억해서 위험 신호로 인식해 바로 뇌간을 긴장시키는 역할을 한다. 그리고 보면 우리를 위험에서 구하려고 노력하는 것이므로 고마운 역할이다. '자라 보고 놀란 가슴 솥뚜껑 보고 놀란다'는 이야기가 편도체의 역할을 설명한다. 다만, 맥락이 없어서 위험하지 않은 많은 순간에도 경고등을 켜서 우리가 엉뚱한 행동을 하게 만든다. 선생님의 특정한 표정, 특정한 말투 같은 자극이 그 아이에게는 위험한 신호로 다가갈 수 있다. 드라마 속 유진 초이와 구동매처럼.

유진 초이는 어린 시절 어머니가 주인마님을 협박해 받아 낸 고급 노리개를 편도체에 파편화된 기억으로 저장하게 된다. 노리개만 보면 애잔한 감정이 올라와 문득 우울해지거나 먹먹해지는 마음을 가지고 살아간다. 그러면서 조선에 와서 아름다운 노리개를 한 여인, 동시에 화약 냄새 나는 고애신에게 끌리게 된다. 편도체가 작동하는 것이다. 구동매는 부드러운 비단 촉감을 편도체의 파편화된 기억으로 갖게 된다. 그래서 고애신의 치맛자락을 붙잡고 놓아 주지 않는 인상적인 드라마 장면이 만들어졌다. 두 남자 모두 편도체의 반응으로 애신을 사랑하게 된 것이다.

편도체는 우리 자신을 위험으로부터 보호해 주는 역할을 한다. 그러나 때로 위험하지 않은 상황에서도 편도체가 위험 작동을 하여 다른 사람에게 본의 아니게 상처를 주거나, 상황의 맥락을 못 읽고 엉뚱한 행동을 하도록 만들기도 한다.

내면 아이를 만나고 치유하고 통합하는 과정은 편도체의 기억을 장기 기억인 해마 쪽으로 이동시키는 과정이다. 매우 위험하다고 저장한 파편화된 기억을 따뜻하고 안전하게 보듬어 그 맥락과 상황을 이해하여 해마의 장기 기억으로 가져오는 것이다. 그러기 위해서는 따뜻하고 안전한 장에서 자신의 어린 시절에 묻어 두었던 감정을 직면하고 보살피는 힘과 용기가 필요하다. 때로 이 감정적 어려움이 너무 커서 회피하고 모른 척하고 살기도 하는데, 이 과정을 통과했을 때 삶에 주는 해방감은 매우 크다. 원형 감옥 안에서 뱅글뱅글 힘들게 돌며 살다가 문을 열고 자유롭게 밖으로 나온 느낌이다.

유진과 동매는 각각 미군 장교와 일본 야쿠자가 되어 다시 조선으로 돌아온다. 둘 다 자신의 부모를 죽인 사람들을 찾아가는데, 둘의 요구 사항이 사뭇 다르다. 유진은 부모의 시체가 있는 장소를 알려 달라고 하고, 동매는 잔인하게 모두 죽여 버린다. 유진에게는 편도체의 강한 반응을 일단 멈추고 부모의 죽음을 애도할 힘이 있었지만, 동매는 편도체의 반응을 극한의 분노로 표현했다. 이 두 사람의 차이는 어디에서 발생했을까?

유진은 어린 시절 자신이 도망치던 그 길을 따라 달려간다. 자상했던 어머니가 우물에 뛰어들었을 때의 슬픔을 꺼내 애도한다. 그 조그만 아이가 얼마나 무서웠을지, 지금은 다 큰 어른인 유진이, 어린 시절 도망치던 어린 유진이 모든 감정을 묻고 뛰어가던 길을 함께 뛰며 그때 눌러야만 했던 슬픔, 두려움, 부모에 대한 그리움을 하나하나 만나고 보듬어 준다. 그리고 어디에 묻혀 있는지도 모르는 낯선 무덤에 술을 뿌리며 어머니와 아버지의 죽음을 애도한다.

동매는 어린 시절 자신의 상처에 집중하지 않는다. 지금의 분노를 분출하면서 살아간다. 또 어린 시절 자신을 구해 주었던 애신에게 화풀이한 행동에 죄책감을 안고 살아간다. '나는 나쁜 사람'이라는 신념과 함께. 그 신념을 증명이라도 하듯 사람을 잔인하게 죽이고, 비열하게 돈을 벌면서 살아간다.

유진 초이와 동매의 결정적 차이는 이 지점이다. 유진은 자신의 어린 시절 경험에 억압해 두었던 슬픔과 분노, 두려움 모두를 그대로 다시 겪으면서 그 슬픔에 압도되지 않고 애도하는 '용기'와 '사랑'의 힘이 있었다. 슬픔에 압도되지 않는 힘, 슬픔을 응시하고 직면하고 공감하고 사랑하는 힘이 있었다. 반면, 동매는 자신의 상처를 바라볼 용기와 사랑이 없다. 그저 감정에 휩쓸려 분노하고 파괴하면서 살아간다.

드라마에서 동매와 유진의 대화 중 인상적인 부분이 있다.

동매　난 조선에 돌아오자마자 다 죽였는데, 내 부모 그렇게 만든 것들.

유진　나도 생각 안 해본 건 아니오. 수백 번도 더 죽여 보았소, 마음 속에서.

동매　용서를 하신 걸까요, 용기가 없으셨던 걸까요. 우린 우리 부모 와 달리 누구든 벨 수 있고 누구든 쏠 수 있는데.

유진　선택한 거요. 우린 부모와 달리 무엇이든 선택할 수 있으니까.

두 사람의 차이는 무엇일까? 화가 나면 '뚜껑이 열린다'고 한다. 뇌의 작용을 보면 화가 날 때는 정말 뚜껑이 열린다. 이성의 뇌인 전두엽이 기능을 하지 않고, 오로지 생명 작용과 직결된 뇌간의 기능만 작동한다. 호흡이 가빠지고 등줄기에 분노가 찌릿찌릿 올라온다. 이것은 '파충류의 뇌(뇌간, 소뇌)'의 작용으로, 살기 위해서 무슨 일이든지 하는 상태다.

나는 뚜껑이 열리는 행동을 보이는 학생에게 '그랬구나, 이제 괜찮아'라는 말을 자주 한다. 경멸이나 빈정거림으로 공격하는 학생에게는 '그랬어? 그런 마음이 들었구나' 말한다. 그것이 위험 반응으로 이성적으로 판단하지 못하고 화가 난 학생을 잠시 가라앉혀 줄 수 있다. 물론 학생들이 나를 대상으로 심한 말을 할 때는 한참 동안 자기 공감을 한 후 꼭 아픈 내 마음을 표현한다. 어떤 영향을 끼쳤는지 학생도 알아야 하기 때문이다.

아이들은 열린 뚜껑을 혼자 닫기 힘들다. 부모들도 그런 경우가 많다. 아주 장기적으로 긴장 상태에 있는 사람들은 정상적인 대화가 어려운

데, 이런 사람들과 대화하는 방법은 '저항과 함께하기' 부분에서 더 다루겠다.

다시 드라마로 돌아가서, 어릴 적부터 감정을 통제 당한 동매의 뇌는 편도체의 신호를 받는 뇌간(파충류의 뇌)의 기능만 활발한 상태다. 감정을 공감받고 수용받아야(감정을 느끼는 포유류의 뇌 - 대뇌변연계) 이성적인 사고를 하는 전두엽(판단과 이성을 담당하는 인간의 뇌)이 움직일 텐데, 감정의 신호가 없으니 감각, 감정, 이성이 서로 정보 교류를 할 수가 없다. 오로지 위험 신호를 감지하는 감각만 살아 있다.

감정을 소중하게 알아 주고 따뜻하게 보살피는 일이 매우 중요한 이유가 여기에 있다. 내면 아이가 겪었던 슬픔과 고통을 고스란히 껴안는 것, 그러면서 그때의 상황과 맥락을 총체적으로 이해하게 되었을 때 편도체의 기억이 해마의 기억으로 옮겨 가고 이성적으로 판단하는 전두엽이 활성화된다. '싸움 - 도피 - 얼음'으로 이동하던 행동의 변화도 자연스럽게 따라온다.

유진은 어릴 적 따뜻한 어머니가 있었다. 그리고 자신을 '고귀하고 위대한 자'라고 말해 주고 돌봐주는 선교사도 있었다. 그동안 사랑받았던 힘으로 오랫동안 묵혀 둔 슬픔과 분노를 따뜻하게 돌볼 수 있었다. 그러나 동매는 한 번도 그런 따뜻함을 경험하지 못했다. 딱 한 번 자신에게 따뜻함을 베풀었던 애신에게 자신의 분노를 퍼부어 버리고는 평생을 죄책감으로 살아간다. 어린 동매는 견디기 힘들었던 고통과 힘겨움을 누군가에게 알아 달라고 호소하고 싶었을지도 모른다.

만일 어린 동매가 애신에게 분노하는 대신, 엉엉 울면서 부모의 죽음을 충분히 애도할 수 있었다면 야쿠자가 되지도, 애신에게 죄책감을 느끼지도 않았을 수 있다. 물론 그러면 드라마가 안 됐겠지만.

어릴 적 사랑받은 경험이 없더라도 지금부터 더 큰 힘으로 내가 나를 사랑해 주면 된다. 자기를 수용하고 사랑하는 일은 몹시 어려운 일이지만, 이것을 해낼 수 있다는 것은 아주 큰 힘으로 다른 사람도 보살필 수 있다는 걸 의미한다.

트라우마의 작용을 이해하고 나서, 따뜻하게 생각과 감정과 감각을 있는 그대로 감싸듯이 이해받는 것이 얼마나 중요한 일인지 알게 되었다. 그래서 학생들에게 '무척 많이 화가 났겠구나', '많이 힘들었겠네', '슬프니?', '알아줬으면 해?' 등의 말을 많이 한다. 그러면 아이들이 긴장이 풀려 이야기를 꺼낸다. 이야기하면서 아이들은 맥락과 상황을 스스로 이해하고 파악하고 정리하면서 이성의 뇌로 다시 돌아간다. 긴장 상태에 있는 아이들이 점점 더 많아지고 있다. 아이들이 그렇다는 것은, 그 아이들을 돌보는 어른은 더 큰 긴장 속에 있을 가능성이 높다.

이런 사람들과 대화하기 위해서는 내 내면의 힘을 단단하게 하고 유연하게 대처할 수 있는 방법을 알아야 한다. 친절하고 부드럽게 대하면서도 교사로서 철학과 가치를 표현할 수 있는 내면의 힘이 필요하다. 중요한 점은 선생님들도 분명히 트라우마를 겪는다는 점이다. 가르치는 일은 관계에서 내 아픈 마음의 상처가 분명히 드러날 수밖에 없다. 그 아픈 마음을 돌보고 명료하게 이해하는 과정을 거치는 것이 교육 구성원들과의 관계 맺기와 자신의 일상생활에 도움이 된다.

상호 협력적 관계 만들기

2019년 인천 교육청에서 공모 사업으로 진행하는 해외 연수에 선발되어 비폭력 대화 교육계 국제 인증 지도자인 코리 라우라(Corry Laura)의 연수를 다녀왔다. 코리 라우라(이하 코리)는 오랫동안 교사를 했고, 지금은 교사를 양성하는 대학, 기관들과 협업하여 '교사의 내면 치유와 평화적 상호 작용 방법'을 워크숍 형태로 알리고 있다.

코리가 운영하는 센터의 이름은 'Bla-Bla Center', 우리말로 하면 '어쩌고저쩌고 센터' 쯤으로 부를 수 있다. 재미있는 센터 이름이라는 생각을 하면서 생활 교육에 관심이 깊은 여러 선생님들과 비행기, 기차, 버스를 타고 벨기에의 시골에 위치한 센터를 찾아갔다. 센터는 매우 아름다웠다. 곳곳에 편안하게 대화할 수 있는 장소가 있었고, 밤에 불을 피울 수 있는 화로, 깨끗한 숙박 시설 등이 인상적이었다. 한국에도 이렇게 교사의 내면 치유와 더불어 평화적 상호 작용 방법을 안내하는 기관이 꼭 있어야 한다는 생각을 했다.

코리는 다양한 워크숍을 운영하고 있었는데, 우리는 '내면의 힘 깨우기(empowerment)'와 '저항과 함께하기(engaging with resistance)'에 참여했다. 이 두 가지는 벨기에 교사 연수 중 필수 과정이라고 했다. 유럽 학생들도 교사와 마찰이 많은지 물었더니, 발달 시기적 특성과 사회의 변화로 교사의 치유와 소통 역량이 매우 중요해졌다고 대답하였다.

센터 내에 놀이를 할 수 있는 공간

이야기를 할 수 있는 공간

함께 간 교사 친구들

워크숍은 3시간씩 진행되었는데, 워크숍 내내 코리는 교사의 '파워위드(power-with) : 상호 협력적 관계 맺기' 역량의 중요성을 강조했다. '파워업(power-up)' 상태는 자신의 의견과 비전, 목표를 옳다고 여기고 상대방에게 강요하는 상태로, 이 상태에서는 자기 신념이 옳기에 상대방을 비난하여 수치심, 두려움, 죄책감을 안겨 줄 수도 있다고 하였다. 반면 '파워다운(power-down)' 상태는 타인의 힘에 눌려 그 의견에 무조건 따르고 무기력, 죄책감에 시달리기도 하는 상태이다.

교사에게 이 두 가지 상태는 모두 긍정적인 교육 활동을 할 수 있는 상태가 아니며, 내면 풍경을 점검하고 파워위드의 힘으로 상대방과 상호 작용하는 연습을 해야 한다고 하였다. 교육 활동 중에 내가 언제 파워업(강요하는) 상태가 되는지, 파워다운(강요받는) 상태가 되는지 관찰하고 알아차려 마음을 돌보고 상호 협력적인 관계로 나아가야 한다고 말했다. 지금 우리나라의 상황을 보면 교사가 학생 돌봄과 성장에 과도한 의무와 책임을 가진 존재로 파워다운 상태가 아닌가 하는 긴 토의를 했다. 코리는 역할극처럼 진행하며 학생과 상호 작용하는 나의 태도를 코치해 주었다. 다년간 비폭력 대화를 공부하기도 했고, 각종 내면 치유 과정과 공감 대화 연습을 진행했기에 속으로 나는 조금 자신이 있었다. 내심 코리에게 한국에도 이렇게 비폭력 대화로 학생들을 대하는 교사가 있다는 것을 보여 주고 싶기도 했다. 수학 수업 중 주머니에 손을 넣고 삐딱하게 앉아 칠판에 주어진 문제를 풀지 않는 학생이 있는 상황이라는 가정 아래, 나는 다음과 같이 시연을 했다.

교사   왜 문제를 풀지 않니?

학생   (매우 불손한 태도로) 제가 손이 매우 힘들거든요. 선생님도 아시죠? 저 요즘 기타 치러 다니는 거요. 제 손을 보호해 줘야 해요.

교사　(공감) 아, 그래. 요즘 힘들고 피곤하겠구나. 쉬고 싶기도 하겠네. 힘을 비축해 두었다가 기타 연습을 하고 싶을 때 쓰고 싶은 거지?

학생　네? 아니오, 저 기타 억지로 치는 건데요? 부모님이 시켜서요.

교사　(공감) 그러면 더 힘들겠네. (부탁하기) 그러면 지금은 할 수 있는 만큼 하면서 수업을 따라와 보자. 그리고 언제 시간 좀 내 주겠니? 선생님도 너의 요즘 근황을 잘 알고 싶네.

학생　(떨떠름) 네? 네.

그런데 시연이 끝나고 코리가 굉장히 걱정스러운 표정으로 다가와 "주미, 괜찮아?" 하고 물었다. 나는 시연을 잘했다고 자신했는데, 괜찮냐고 물어보니 당황스러웠다. 코리가 혹시 한국에서 평소에도 이렇게 대화하느냐고 물어보길래 나는 이렇게 학생 마음을 우선 돌보고 내 표현을 하는 방식으로 비폭력 대화로 말한다고 했다.

코리는 "주미, 학생을 위해 너무 너의 에너지를 많이 쓰고 있어. 파워 다운 상태였어. 아이의 마음과 필요를 맞춰 주려고 너무 노력하고 있어. 학생과의 대화에 교사가 원하는 것을 표현하는 비중이 너무 적어. 그건 공감이 아니라 일방적인 헌신이야"라고 이야기했다. 순간 나는 머리를 한 대 맞은 것 같았다. '교육은 헌신이 아니다'라는 말이 아주 크게 들렸다.

코리는 이 시연 장면은 '수업'이며, 교사가 '수업'에서 가장 중요하게 생각해야 할 점은 '원만한 수업 활동 진행'이라고 말하였다. 아이의 상태를 확인하고 마음을 돌보고 행동을 개선하는 것도 중요하지만, 전체 아이들과의 원만한 수업 진행이 가장 중요한 지점이라는 것이다. 나는 시연에서 교사로서 내 마음속에 굳건하게 가지고 있어야 할 '수업 활동 진행' 보다 '아이의 마음을 돌보는 것'을 더 우선하고 있었다. 아이의 마음을 돌보는 것은 쉬는 시간에 따로 불러서 말할 수 있는 일이었다.

코리가 같은 장면에서 시연을 하였다.

코리	왜 문제를 풀지 않니?
학생	(매우 불손한 태도로) 제가 손이 매우 힘들거든요. 선생님도 아시죠? 저 요즘 기타 치러 다니는 거요. 저 손을 보호해 줘야 해요.
교사	요즘 손이 힘들었구나, 그래~. 그러면 손은 따뜻하고 안전하게 보호해 주면서 눈으로 선생님의 풀이를 따라오렴.
학생	네~.

구구절절 학생의 마음을 공감하려 애쓰고, 부탁을 힘들게 하는 나의 대화보다 코리의 깊고 짧은 공감과 간단하고 구체적인 행동이 들어 있는 부탁은 확실히 가볍고 편했다. 학생으로 역할극에 참여했던 선생님도 코리의 이야기를 들을 때 자신이 존중받는 마음이 들어 수업에 따를 수 있었다고 이야기했다.

코리는 '지금 교사로서 자신의 필요와 욕구를 늘 명료하게 인식하고 있으라'고 하였다. 시연에서 교사는 전체 학생들과 함께 수업하는 상황이었다. 그러면 교사의 마음속에 '아이의 상태를 존중하고 수용' 하면서 '수업 활동 진행'이 굳건하게 들어 있어야 한다는 것이다. 그것이 교사 내면의 힘(power)으로, 내면의 힘을 단단히 하고 학생에게 '눈으로 따라와 줄래?' 하며 상대방을 존중하면서 내 힘을 바탕으로 한 제안을 생각해 낼 수 있어야 한다고 했다. 상호 협력의 관계는 이렇게 만들어 가는 것이었다.

코리가 진행하는 벨기에 교사 연수에서는 내면의 힘 키우기를 연습한다. 여러 상황(학생, 학부모, 동료 교사)으로 역할극을 하면서, 교사들이 그 순간의 필요와 욕구를 알아차리고 상대방에게 말하기 연습을 하는 것이다. 그것이 훈련되지 않으면 대립하거나, 파워다운 상태가 되어 휘둘리거나, 파워업 상태가 되어 학생들을 지도한다고 했다.

함께 간 선생님들이 모두 긴 토의를 했다. 무엇이 교사의 태도를 파워다운 상태로 만드는가? 우리는 다양한 의견들을 내놓았다. 교사 개인의 성장 환경, 학부모와 학생들의 악성 민원에 보호받을 수 없는 사회 시스템, 권위적인 학교 운영 시스템, 전통적 동양 사상에 의한 교사의 희생과 헌신을 기대하는 사회 문화 등이 교사 내면에 잠재되어 강요된 신념으로 작용한다는 점을 발견하였다. 그리고 자신의 신념을 찾아 돌보고, 교육 철학과 가치를 굳건히 세우고, 이를 다양한 방법으로 표현하고 제안하는 연습이 중요하다고 의견을 모았다.

또 한 가지 생각해 볼 점은 교사도 파워업 상태로 학생들과 학부모, 동료 교사들을 만날 수 있는 것이다. 교사가 자신의 신념을 진실이라고 생각하고 다른 사람에게 강요하고 억압하고 통제할 수 있다. 교사로서 자신이 가진 신념을 이해하고, 마치 안경을 쓰고 벗듯이 내 신념을 내려놓고 다른 사람들과 유연하게 소통할 수 있도록 연습하는 것이 필요하다는 데 다 함께 동의했다.

아무리 코리라도 한국 학생과 학부모의 민원에 쉽게 대처하지 못할 것이라고 말했더니, 코리는 매우 진지하게, 그러면 한국 선생님들이 매우 힘든 상황인데 한국 교사들을 위해 '교사 내면 치유와 상호 협력적 관계 맺기 방법'을 배우는 연수가 있느냐고 물어보았다. 일시적 감정 해소 프로그램, 생활 교육을 위한 방법적 기술 연수 등은 있지만, 교사 내면 치유와 상호 협력적 관계 맺기를 위한 전문 프로그램은 없다는 걸 깨달았다.

한국에 돌아와 2022년 여름 인천 교육 연수원에서 교사 생활 교육 역량 강화 훈련으로 내면 치유와 상호 협력적 관계 맺기 방법을 배울 수 있는 연수를 진행한 적이 있는데, 다음과 같이 진행하였다.

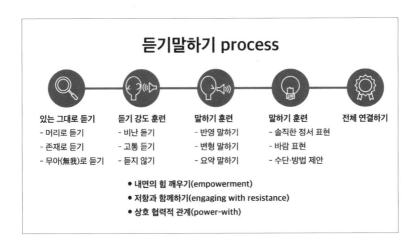

평가로 듣고 있는지, 있는 그대로 듣고 있는지를 연습하는 내용, 듣기 힘든 말로부터 내면 돌봄, 자기 철학을 찾고 표현하는 내용이 있는 4일 짜리 프로그램이었다. 선생님들의 실제 사례를 역할극으로 구성하여 현장에 도움이 될 수 있도록 진행했는데, 반응이 뜨거웠다. 그중 한 명은 '내가 왜 힘든지 알았다. 그 부분을 알아차리고 돌보니 자극이 되는 부

분에서 훨씬 자유로워졌다' 고 소감을 말했다.

그때 활동했던 사례를 '4장 함께 연습하기' 에 실었다. 혼자보다 함께 할 때 더 풍성해진다. 공동체나 모임에서 활동지를 작성하고 함께 나눈다면 더 풍성한 경험 속에 온전한 자기 자신을 만날 수 있을 것이다.

내면의 힘 깨우기

코리 라우라가 진행했던 '내면의 힘 깨우기(empowerment)'와 '저항과 함께하기(engaging with resistance)' 내용도 소개한다.

자기 의지에 따르지 않고 강요와 통제에 의해 하게 된 행동과 결정들은 무의식적으로든 의식적으로든 우울감과 무기력을 형성해 소진을 일으킨다. 이런 마음으로는 학생들과 관계 맺기도 어렵고, 교육 활동의 기쁨에서도 멀어진다. 교사가 먼저 내면의 힘을 단단하게 하면서 유연하게 다른 사람들과 소통하며 지내면, 교육 활동의 주체로서 즐겁고 행복할 수 있다. 이것이 학생들에게는 롤 모델이 되기도 한다.

'내면의 힘 깨우기' 과정에서는 내 마음에 남아 있는 후회했던 상황이나 무기력하게 반복하는 일에서 내면의 힘을 회복하는 시간을 갖는다. '자기 공감' 시간을 가지면서 교사로서 진심으로 소중히 여기는 것, 필요로 하는 것을 찾는다. 글로 적거나 말로 표현해 보기도 한다. 그렇게 강요받는 마음으로 억압되어 있는 마음속 깊은 진심을 찾아 다양한 방법으로 표현해 본다. 진심이 최고의 힘이다.

우선, 후회하는 일, 압력 때문에 표현하지 못해서 마음속에 불편하게 남아 있는 일을 떠올린다. 교육 활동 중 학생에게, 학부모에게 표현하지 못했던 것이 있다면 찾아본다. 그리고 그때 내가 하고 싶었던 말과 행동을 솔직하게 쓰고 교사로서 내 진심도 적는다. 그룹에서 함께 한다면 역할극으로 진행하고, 상대방 역할을 하는 사람과 함께 한다. 상대방 역할을 하는 사람은 모든 이야기를 공감하는 태도로 듣는다.

● ● ● 연습하기 ···

1. 표현하지 못해서 후회하는 일이나 무기력하게 반복하는 일 떠올리기
간단하게 적는다.

2. 내 마음의 걸림돌 확인하고 공감하기
왜 내가 그때 말을 하지 못했는지 찾고 공감한다.

3. 걸림돌을 넘어서 내가 하고 싶었던 말과 행동 생각해 보기
만약 그때로 돌아가 내가 하고 싶은 말과 행동이 있다면? 이 부분을 솔직하게 천천히 다 적는다.

4. 마음속 깊은 곳 진심 살피기
하고 싶었던 말과 행동에서 내 마음을 울리는 말과 관련이 깊다.

5. 실제 표현 연습하기
내 진심을 상대방에게 매끄럽게 전하는 말 해보기

내면의 힘 깨우기	
후회하는 일이나 무기력하게 반복하는 일	- 부모의 민원이 계속될 때 내 표현을 하지 못하고 계속 공감만 했다.
내면의 걸림돌 확인하고 공감하기	- 부모의 요구를 다 맞춰 주어야 해. - 부모와 소통하지 못한 것은 내 능력이 부족하기 때문이야. - 일이 커지면 학교에서 내가 부끄러워져. - 교사는 모든 상황을 잘 알고 이끌어 가야 해. 공감하기 : 교사로서 일을 잘 해결하고 싶었구나. 많이 힘들었지. 상황을 더 악화시키지 않고 싶었어?
내가 하고 싶었던 말과 행동	- 부모님이 이해해 주시면 조금 더 안심하는 마음으로 학생을 가르칠 수 있을 것 같습니다. - 민원 기간이 길어지니 저도 많이 지치고 힘듭니다. 이것이 제 교육 활동에도 큰 영향을 끼치고 있어 수업에 들어가기가 힘들 때가 많습니다. - 이 일로 심리적 부담감이 커서 다른 학생들 전체를 돌봐야 하는 상황에서 힘이 듭니다. - 제가 학생들을 가르치고 돌볼 때, 부모님도 저를 믿고 지지하는 마음을 보내 주시면, 학생도 저를 믿고 함께 활동하는 데 도움이 되겠습니다. - 학생과 서로 신뢰하는 관계에서 교육 활동을 하고 싶습니다. - 학생의 불신을 받으며 교단에 서는 것이 매우 고통스럽고 힘듭니다. - 방금 그 말씀은 저를 비하하는 말씀입니다. 지금부터는 녹음기를 켜고 대화를 하겠습니다. 만약 이 가운데 명예 훼손이나 모욕적인 표현이 들어 있다면 경찰에 신고하겠습니다.
마음에 다가오는 진심	- 학부모의 신뢰와 협조 - 학생과 신뢰 관계 - 학생들과 소통하는 교육 활동의 회복 - 교사로서 자신감과 자부심 - 학부모의 무례한 행동에 단호하게 대처하기
실제 표현 연습하기	- (진심을 포함한 말하기) 어머님, 저도 아이를 돕고 싶습니다. 다만, 제가 다른 학생들까지 전체를 돌봐야 하는 상황이어서 어머님의 협조가 간곡하게 필요합니다. 도와주세요. - 저도 지금 상황이 매우 힘들어서 모두의 아이를 생각하는 마음으로 협력해 주시면 감사하겠습니다.

여기에 적은 것을 모두 상대방에게 말하라는 것은 아니다. 그러나 자주 억압된 상태에 있으면 하고 싶은 말도 잊어버린다. 그래서 모두 적어 보는 것이다. 그중 문득 내 마음을 크게 울리는 문장을 발견하게 된다면 그것이 내 진심과 가장 맞닿은 말이다. 개인적으로 나는 위의 사례에서 '학부모님의 협조가 필요합니다', '학생과 신뢰 관계'가 가장 와닿았는데, 자신에게 다가오는 마음을 상대방에게 실제로 표현한다고 생각하면서 문장을 만들어 보고 표현하는 연습을 한다. 이 연습이 되면 실제 교육 활동에서도 '부모님의 협력이 매우 필요합니다', '학생과 신뢰 관계에서 교육 활동을 할 수 있도록 도와주세요' 같은 표현을 자연스럽게 하면서 소통해 나갈 수 있다.

뿌리 깊은 나무는 바람에 흔들리지 않는다. 자신으로, 교사로 진심에 깊이 뿌리 내려 단단하면서도 유연하게 소통하는 선생님이 되기를 소망한다.

저항과 함께하기

  Q 선생님은 수업 시작 후, 계속해서 장난치는 학생에게 '○○아, 자리에 앉자'라고 했다. 하지만 아이는 계속해서 장난을 쳤다. 모든 아이들에게 유인물을 나눠 주며 학생이 자리에 앉기를 기다렸으나 여전히 장난을 치고 있었다. 다시 한번 '○○아, 자리에 앉자' 했는데, 여전히 무시하자 조금 언성을 높여 '○○아! 자리에 앉자!' 했다. 그러자 학생이 쓱 쳐다보면서 'XX' 하고 욕을 하며 자리로 돌아갔다.

  선생님은 순간 너무 당황스럽고 화가 났다. 평소 수업 중 자기 마음대로 행동해서 수업 방해를 많이 일으키는 학생이었다. 선생님은 '너 뭐라고 했니?' 했고 아이는 '뭘요? 아무말도 안 했는데요?' 했다. 선생님이 '주변 아이들이 다 들었어. 너 선생님한테 욕했잖아' 하자 '그거 친구한테 한 말인데요?' 말해 더 화가 났다.

  겨우 화를 가라앉히고 수업을 진행한 후, 쉬는 시간에 교무실로 아이를 데려왔다. 아이는 수업에도 참여하지 않고 한 시간 내내 엎드려 잠을 잤다. 교무실에서 선생님과 아이의 실랑이가 다시 벌어졌다. '너 나에게 욕한 거잖아', '아니에요, 친구한테 욕한 거예요.' 선생님은 점점 더 화가 나서 아이에게 반성문을 쓰라고 하고 아이는 안 쓴다고 버텼다.

이것이 저항이다. 교사의 신경을 거슬리게 하고, 인격 모독적인 발언을 한다. 부모들은 '학교를 뒤집어 버릴 수도 있어요', '교장 선생님을 만나겠어요' 하면서 교사에게 폭언을 하기도 한다. 보통 이런 저항을 받으면 선생님들도 화가 나게 마련이다. 그래서 그 저항에 강하게 맞서거나 꾹꾹 눌러 참으면서 상대방의 기분에 맞춰 응대하기도 한다. 둘 다 어렵다.

비폭력 대화 교육계 지도자인 코리 라우라는 "상대방이 제시하는 수단과 방법에 걸려들지 말라"고 한다. 단지 '내 역할과 진심에 충실하라'고 말한다. 저항은 마치 '갈고리' 같아서 다른 사람의 마음에 갈고리를 걸고 마구 흔들어 기분 나쁘게 하고 싶은 마음이라고 하였다.

학생은 지금 전혀 공부할 마음이 나지 않는 아이다. 혹은 무언가에 화가 나 그 화풀이를 교사에게 한다. 자신이 소화하지 못한 감정을 교사에게 던져 버리고, 흔들리고 화를 내는 교사를 보면서 무의식 속에서 위로를 받는다. 어디에도 화가 난 것을 풀 길이 없었는데 제일 편한 사람이 교사인 것이다. 부모의 경우는 자신이 자녀에게 주지 못한 존중감, 혹은 자신의 결핍된 존중감을 교사로부터 채우고 싶어 한다. 상대방을 힘겨루기 상황으로 몰고 가 결국 자신이 이기는 것으로 위로받고 싶은 것이다.

저항이라는 갈고리에 걸려들어 내 감정을 소모할 필요가 없다. 자기 중심을 바로잡고 자기 표현을 단단하게 지속한다. Q 선생님도 아이가 욕설을 선생님에게 한 것인지, 다른 친구들에게 한 것인지 옳고 그름을 따지기보다 자기 중심을 바로 세우고 다음과 같은 말로 자기 표현을 하도록 안내했다.

"욕을 누구에게 했든 상관없어. 선생님은 수업을 중요하게 생각하고 있는데, 오늘 여러 번 지시에 응하지 않고 욕도 해서 수업 전체 진행이 너무 힘들었어. 여러 친구들과 함께 있는 교실에서 너도 협조해 주면 좋겠어."

이것이 교사의 역할이다. 이렇게 해도 아이가 수업에서 지속적으로 문제 행동을 한다면, 학교에는 규정과 절차가 있다. 학교 규정대로 '선도위원회'나 '교권보호위원회'로 회부한다. 학교의 규정이 교육의 세 주체인 학생, 학부모, 교사가 함께 모여 만든 것이라면 더욱 좋을 것이다. 선도위원회, 교권보호위원회는 자기 행동으로 인한 영향을 확인하고 상대방의 피해를 이해하는 질문으로 구성된 회복적 시스템으로 진행한다.

학부모의 악성 민원에도 '어떻게 이런 말을 할 수 있지?' 하며 그 장면에서 힘겨루기로 빠지지 않고, '그만큼 속상하시고 안타까우시죠' 하고 간단히 공감한 후, '다른 선생님들과 상의하여 학교 차원에서 연락드리겠습니다' 하고 학교와 공식적인 대처를 함께해 나가야 한다.

학생과 학부모가 던지는 저항이라는 갈고리에 걸려들어 힘겨루기를 하지 말자. 단지 교사로서 역할을 충실히 해 나간다. 여러 번 교육적인 지도를 한 후 학교 규칙을 지킬 수 있도록 안내한다. 그리고 학교 구성원들과 공동으로 대처해 나간다.

다른 사람의 인격 모독적 발언을 듣고 감정의 동요 없이 마음의 중심을 잡는 것은 매우 어려운 일이다. 그러나 다른 사람의 그 발언은 나를 향한 것이 아니라, 자기 결핍으로 인해 생겨난 갈고리이기에 내가 그 갈고리의 희생양이 될 필요는 없다. 아주 오랜 시간 여러 상황을 겪으며 만들어진 결핍은 그 내면이 아주 황폐할 수밖에 없는데, 내가 그 갈고리에 딸려 가서는 안 된다. 나의 정당한 교육 활동과 원칙, 학교 차원의 공동 대처가 필요하다.

이번 장에서는 어릴 적부터 나를 사로잡고 있는 신념이 지금 교사로서 내 태도에 얼마나 큰 영향을 미치고 있는지 알아차리고 공감으로 돌보는 방법, 교사로서 중요하게 생각하는 가치와 열정에 내면의 뿌리를 내리고, 유연하게 다른 사람들과 소통하는 힘 키우기, 동등한 힘으로 상호 협력적 관계 맺기, 상대방의 저항에 걸려들지 않고 단지 자신의 진심과 역할에 최선을 다하는 것을 다뤄 보았다. 그리고 무엇보다, 어려운 일은 학교 공동체에서 함께 대응하면서 선생님의 교육력이 훼손되지 않기를 바란다.

뿌리가 깊은 나무는 중심이 단단하다. 너무 단단한 나무는 강한 비바람에 부러진다. 뿌리를 깊이 내려 내면은 단단하고, 몰아치는 비바람에는 주변과 함께 유연하게 대응하여 스스로, 그리고 함께 교육 활동을 지키기를 바란다.

** 함께 공부하기

  다음은 내가 진행하는 교육 과정으로, 시작 날짜는 블로그와 밴드에 게시한다. 관심이 있다면 들어와서 함께 공부해 보자.

교사 자기 공감과 자기 표현 연습 과정

회기	내용	시간
1회	자기 감정 공감 연습	각 2시간
2회	자기 생각 공감 연습	
3회	자기 공감과 자기 표현 연습	
4회	공감으로 듣기와 자기 표현 연습	

교사 내면 아이 과정

회기	내용	시간
1회	자극이 되는 지점 찾고 공감하기	각 2시간 (저널 쓰기 포함)
2회	내면 아이 발견하고 공감하기	
3회	내면 아이 세션	
4회	조건화 발견하고 전체를 보는 눈 갖기	

알아차림 워크숍

알아차림 과정	내용	형태
개인 세션(참여자)	자기 공감과 돌봄	온라인 (1시간 30분~2시간)
사전 모임	알아차림과 관찰	온라인 (저녁 8시 ~ 9시 30분)
	자기 공감과 수용, 자서전 쓰기 안내	
	생각의 작용과 반작용	
	심리적 분열	
워크숍 (2박 3일)	자서전, 후회하는 마음, 비난하는 생각, 비난받는다는 생각, 몸 감각 알아차리기, 개인 세션	대면 (1, 8월) 전주, 부천
		진행 : 노학주, 송주미

4장

공동체로 회복하기

공동체성이 갖춰지면
공동체가 스스로 구성원을 돌본다.

학교 공적 공동체 회복하기

코로나 팬데믹 기간 동안 우리는 각종 안전 수칙에 의해 모이지도, 함께 나누지도 못하는 세상을 겪었다. 처음에는 단절된 학교가 낯설고 답답했는데, 서서히 홀로인 것에 편안하고 익숙해진 모습이다. 그런데 우리는 정말 편안했을까? 사회적으로 우울증 환자가 14% 급증했고, 무기력증으로 인한 자살도 늘었다. 가정 생계의 붕괴로 비관하는 사람도 늘었다. 학교에서도 이 기간 동안 학교 폭력 사안은 줄었지만, 학교 간 폭력 사안이 증가했고 심각한 범죄로 이어지는 경우가 많아졌다.

그래서인지 코로나 엔데믹 선언 이후 학교마다 학교 폭력 신고가 폭발적으로 늘었다는 이야기가 많이 들린다. 아주 작은 갈등인데도 학생들은 대화하고 이해하려는 노력보다 바로 학교 폭력 신고로 해결하려고 한다. 개인적으로는 무기력한 학생들, 아무것도 하지 않는 학생들, 우울한 학생들이 부쩍 많아진 것을 경험하고 있다. 자신의 손해와 피해에 대해 예민하고 날카로운 반응을 보이는 학생들도 부쩍 눈에 많이 들어온다.

심리학자인 알프레드 아들러는 인간의 모든 심리적 어려움과 잘못된 행동의 원인으로 소속감과 자존감의 결핍을 꼽는다. 많은 심리적 문제들이 공동체에 소속감을 느낄 때 사소해질 수 있고, 공동체 감각이 살아 있는 개인이 될 때 행복하고 건강한 구성원이 될 수 있다고 한다.* 또 1970년대부터 외상 후 스트레스 장애(PTSD)를 연구해 온 세계적인 권위자인 의학 박사 베셀 반 데어 콜크는 트라우마와 관련한 책 〈몸은 기억한다〉에서 외로움과 고독감, 압박감과 스트레스가 높을수록 항상성 긴장 상태를 야기한다고 하였다.

학생들도, 부모들도, 교사들도 단절된 학교에서 깊은 마음을 소통하지 못하고 외롭고 고독하게 살고 있는 것 같다. 선생님도 홀로 수업을 준비하고 담당 학생들, 부모와의 여러 문제 상황에 혼자 대응하며 섬처럼 살아오지는 않았는가?

아들러는 심리적 어려움에서 벗어날 수 있는 유일한 길이 공동체 감각을 갖는 것이라며 '공동체 감각을 회복해야 한다'고 말한다. 하지만 지금 우리 사회는 이런 공동체 감각을 발달시킬 기회가 많지 않다. 서로 끈끈한 우정과 신뢰를 쌓을 충분한 기회도 없거니와 사소한 갈등으로도 쉽게 단절을 선택할 수 있는 가깝고도 먼 관계가 되어 버렸다. 쉽고 편한 관계는 그만큼 고독한 존재들을 만든다.

우리는 서로 타자화되어, 아픔과 기쁨을 느끼는 같은 인간이라는 공감 능력을 상실하고 있다. 심각한 비인간화가 진행 중이다. 분노 조절이 안 되는 학생, 학교에서 긴장 상태로 소통을 못하는 학생, 자해와 자살, 잔혹

---

* 〈마음을 열어주는 아들러의 선물〉, 알프레드 아들러

한 학교 폭력 사안이 늘어나는 현상에서도 비인간화를 볼 수 있다.

회복적 생활 교육은 이런 문제 의식에서 나왔다. 학교 생활 교육의 목표를 회복적 정의가 실현되는 공동체를 이루는 것에 두고, 공동체 서클이나 서클 회의, 갈등을 중재하는 회복적 서클 실천 방법이 전국적으로 퍼져나가고 있다. 동그랗게 앉아서 주제 질문에 차례로 대답을 하며 대화하는 이 방법은, 그동안 학교에서 교사의 개인적인 신념으로 제각각 이루어졌던 인성 교육과 생활 교육이 관계를 중심으로 회복적 정의를 실현하는 생활 교육으로 방향성을 갖춘 것이다.

이와 함께 학교의 기능은 함께 사는 방법을 배우는 장소, 인간성 회복을 이루는 곳이라는 것을 확인하고 있다. 그런데 교사인 우리들의 공동체 감각은 어느 정도인가? 옆에 있는 저 사람이 나와 같은 감정을 느끼고 최선을 다해 살아가고 있다는 것을 아는 감각, 내가 하는 말과 행동이 공동체에 미치는 영향을 이해하는 감각, 서로에 대한 깊은 이해의 힘으로 함께 공존하는 감각을 선생님은 가지고 있는가?

공동체 감각은 교사가 먼저 직접 경험하고 체화해야 한다. 그러면 교실에서 굳이 서클 형태로 앉지 않아도 교사의 말과 행동, 수업을 통해 학생들에게 공동체 감각이 전해질 수 있다. 내가 근무하는 학교에서는 오랫동안 교직원들이 동그랗게 앉아서 순서대로 대화를 나누는 문화를 가지고 있다. 2월 신학기 워크숍에서는 기존 선생님이 새로 온 선생님을 환영하는 서클을 진행한다. 새로 전입 온 구성원들을 환대하고 자기소개, 친교 놀이, 새 학기 시작 전 긴장과 기대를 나누는 대화를 한다. 그러면 서로 어색함이 풀어지고, 비슷한 고민이 공유되면서 마음이 가까워진다. 이런 서클 대화를 하지 않으면 3월, 4월이 다 지나도 동료 교사 이름조차 잘 모르는 상황이 생기고, 교육 활동도 협력을 이루기 쉽지 않다.

다음은 신학기 워크숍 환영 서클 순서이다.

환영 서클 순서

토킹 피스	동그란 모양 자갈	센터 피스	꽃, 기린 인형
서클 질문			
여는 질문	시 함께 읽기 〈방문객〉 or 환영하는 노래(준비팀) 간단한 자기소개와 오늘 학교에 오기까지 가장 인상 깊었던 장면		
아이스 브레이킹 게임	진진가 게임, 너도 나도?! 게임		
주제 질문 1	3월을 준비하는 지금 내 마음은?		
닫는 질문	오늘 서클 대화 경험에서 새롭게 알게 된 점은?		

신학기 워크숍 환영 서클은 연구부 주최로 진행하되, 기존 선생님들이 협력해서 만든다. 서로 게임을 하며 친해지는 시간을 갖고, 3월을 준비하는 지금 자신의 마음을 나눈다. 인원 35명 정도의 교직원 서클에서 질문 하나를 돌리면 약 20~30분 걸린다. 환영 서클은 2시간 정도로 짧은 시간 진행되지만, 서로 자연스러운 대화를 나눌 수 있는 관계를 맺기에 충분하다. 작년 신규 교사였던 선생님이 올해 환영 서클에서 환영 노래를 부르고, 작년에 환영받았을 때 너무 감동하고 기뻤다면서 그 마음을 전하고 싶었다고 하였다.

신학기 워크숍 마지막 3시간은 마무리 서클과 함께 교직원 공동체의 비전과 약속을 정하는 시간으로 만든다. 교직원 공동체의 방향과 가치를 정하고 구체적인 약속까지 정한다.

교직원 공동체 약속 정하기 순서

토킹 피스		하트 쿠션	센터 피스	꽃
서클 질문				
여는 질문		지금 몸과 마음 상태		
아이스 브레이킹 게임		진주, 조개, 불가사리 게임, 가위바위보 꼬리잡기 게임		
주제 질문	1	공동체 생활에서 나에게 가장 중요한 가치는 무엇인지 포스트잇에 적어 중앙에 놓으며 이유를 말한다.		
	2	센터에 놓아둔 가치를 이룰 구체적인 제안을 적어서 내려놓는다.		
	3	(사회자) 구체적인 제안 중 비슷한 것끼리 배치한다. (사회자) 제안을 차례로 읽으며 전체의 동의를 구한다. (엄지 투표)		
닫는 질문		오늘 서클 대화 경험에서 새롭게 알게 된 점은?		

2020년 교직원 공동체 약속 사례

약속
소통 • 다른 교무실가서 15분 이상 수다 – 도장받기
인정·배려 • 마니또에게 엽서쓰기
참여 • 교직원 소통의 날 행사 참여하기

2023년 구체적 실천이 담긴 공동체 약속

앞장에서 왼쪽은 2020년 교직원 약속, 오른쪽은 올해 약속이다. 올해는 약속이 사뭇 다른 모습인데, 아주 구체적인 실천 사안들이 들어 있다. 올해 '약속 정하기 서클' 전에 한 선생님이 이전 약속들이 구체적이지 않아 평가가 힘들다는 의견을 내면서 올해 약속은 구체적 실천 제안으로 받자고 하였다.

그 결과 '1학기 중 다른 교무실에 가서 15분 이상 수다떨고 해당 교무실에 비치된 도장을 받아 9개 교무실 모두 완주한 선생님에게 간단한 상품 드리기', '서로의 이름을 뽑아 응원과 감사의 엽서 쓰기', '교직원 활동으로 만나는 날에는 미니 체육 대회를 열고 간식 함께 먹기' 등의 약속을 만들고 좋은 시간을 보낼 수 있었다.

교무실 방문 도장판에 모두 도장을 찍은 선생님은 몇 명 되지 않지만,

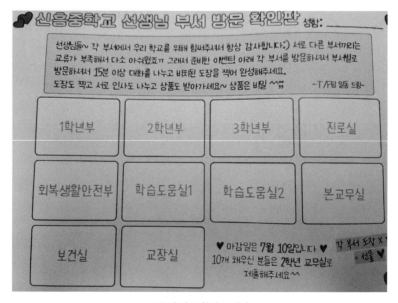

교무실 방문 확인 도장판

이 활동이 갖는 의미는 크다. 우리 공동체에서 지향하는 가치가 '소통, 인정과 배려, 참여'라는 점을 인식하고 이것을 실천해야 한다는 의식을 갖게 하였다.

다음은 학기 말에 실천하는 학기 말 평가회 서클이다. 학기 말 서클에 서는 서클 전에 온라인에서 익명으로 진행한 학교 교육과정 평가 설문을 공유하고, 그에 대해 논의할 점이 있으면 진행한다. 그리고 교직원 공동체 약속이 잘 지켜졌는지 자기 평가를 통해 점검하고, 한 학기 동안 애쓴 서로에게 격려와 감사를 주고받으며 끝난다.

학기 말 평가회 서클 순서

토킹 피스		별새 인형	센터 피스	꽃, 자연물
서클 질문				
여는 질문		지금 몸과 마음 상태		
아이스 브레이킹 게임		이름 부르기 : 프라이팬 놀이		
주제 질문	1	학교 자체 평가 설문 결과 공유, 모둠별 논의 및 제안		
	2	공동체 약속 자기 평가, 실천 방안 수정 및 제안		
닫는 질문		한 학기 전보다 조금 나아진 것 한 학기 동안 고생한 나에게 칭찬해 주고 싶은 것		

회복적 생활 교육 공부를 하는 선생님이라면 아마 낯익은 활동일 것이다. 그런데 학급이 아니라 학교 교직원들이 실천하는 학교는 드물다. 내가 속한 학교에서는 학교 교직원 전체가 먼저 공동체성을 가져야 한

다는 철학을 가진 교사들을 중심으로 계속 실천하고, 많은 사람들이 동의하고 참여하면서 오랜 시간 교직원 상호 존중 문화가 이어져 오고 있다. 공립 학교여서 이런 철학을 가진 핵심 교사들이 다른 학교로 떠나기도 하지만, 새롭게 동의하고 참여하는 선생님들이 있어 학교의 철학이 무너지지 않고 이어지고 있다.

우리 학교에서는 서클 대화가 원래 한 달에 한 번씩 이루어졌다. 교직원들이 모두 참여하는 서클 대화에서 자기 근황, 교육 활동과 관련한 고민, 때로 삶에서 겪고 있는 어려움을 나누었다. 서클을 먼저 배운 선생님들이 기여하는 마음으로 서클을 진행하고, 많은 선생님들이 이 서클에서 도움을 받았다.

이 서클은 구성원들을 하나로 모으는 역할도 했다. 그러나 모든 것이 그렇듯 역기능들도 있었다. 너무 속깊은 이야기를 나누다 보니 대화 후에 어색해지기도 했고, 서클 안에서 각별하게 친한 사람들이 생기면서 주변 사람들과 어색한 경우도 생겼다. 속깊은 서클 대화의 무거운 분위기를 좋아하지 않는 사람들과 서클에 지속적으로 참여하는 사람들 사이가 약간 유리된 듯한 모습도 보였다.

그러던 중 몇몇 선생님들이 한 달에 한 번 서클 대화를 하기보다 모든 교직원이 다 함께 밝고 긍정적인 힘으로 서로 격려와 응원을 주고받을 수 있는 활동 시간을 만들어 보자는 제안을 하였다. 그래서 2020년부터 한 학기에 한 번은 서클로 만나 근황과 공감을 나누는 대화 시간을 갖고, 또 한 번은 '교직원 활동으로 만나는 날'로 즐겁고 재밌는 활동을 기획하여 만나고 있다.

'교직원 활동으로 만나는 날'에 했던 활동들이 달고나 만들기, 나만의 티셔츠 만들기(염색 티셔츠), 감사의 꽃꽂이 데이, 미니 체육 대회, 교무실별 상견례의 날(2개 교무실 선생님들끼리 만나 차 마시는 시간), 비밀 친구(마니또)에게 2주간 선행을 베풀고 감사 엽서 쓰기, 상대방 이름으로 멋진 삼행시 지어 주기 등이다. 모든 업무를 잠시 내려놓고 인간적으로 만나 즐겁게 교류할 수 있는 시간, 서로 응원과 격려를 나누는 시간을 마련하기 위해 노력한다.

이런 시간들을 통해서 우리가 얻은 것은 '함께 있다는 연결감'이었다. 선생님들은 만나면 자연스럽게 학생들 이야기, 업무 이야기를 나눈다. 그러면서 옆 부서와 다른 학년에서 어떤 일이 벌어지는지 잘 알게 된다. 이 부분이 알프레드 아들러가 이야기한 '공동체 감각의 회복'이 아닐까? 각자가 섬처럼 모든 책임을 지는 게 아니라, 언제든 손 내밀 수 있고 누구든 손잡아 줄 수 있다는 신뢰의 마음을 갖게 된다.

이런 신뢰 관계가 형성되면 '민주적 협의'가 가능해진다. 서로 대립되는 의견이 있을 때 부서의 필요와 상황을 더 깊게 들을 수 있고, 더 나아가 논의 과정에서 공동체의 비전과 목표를 재탐색하고 내면화하는 계기까지 나아갈 수 있다. 함께 깊이 탐색하면서 더 좋은 아이디어가 덧붙여지고, 더 지혜로운 결과와 실천 방안에 다다르게 된다.

〈서클의 힘〉(크리스티나 볼드윈)에서 공동체, 조직의 성패 여부는 'dialog(다이얼로그)'에 달려 있다고 했다. 일반적인 대화(conversation)가 아닌 다이얼로그라고 표현한 것은 대화의 맥락에서 '의미있는 대화'가 얼마나 이루어지고 있는가를 말하기 위해서다. 탄탄한 신뢰 관계를 바탕으로 '주제와 의미, 방향과 비전을 탐색하는 대화'가 이루어지는 학교 교직원 공동체의 모습이 되어야 한다.

학교 교직원 공동체의 신뢰 관계를 가꾸기 위해 경계할 것 두 가지와 지향할 점 두 가지를 안내한다. 경계할 첫 번째는 교사 편의주의다. 특정한 교사 그룹이 교육 활동을 개인적인 편의 위주로 판단하여 반대 의견을 낸다. 여기에 몇몇 사적인 관계가 뒷받침되어 학교에서 교육 활동을 계획하고 수행해 나가기 어려울 때가 있다. 학교 공적인 업무가 편의주의에 종속되어 버리는 모습이다. 이제 선생님들의 반대와 외면이 걱정되어 사업과 활동 제안을 못하기도 한다. 개인적인 편의 위주의 결정이 빈번하게 이루어지는 분위기에서는 적극적인 교육 활동 제안이 나올 수 없다.

또 한 가지, 무리 문화를 경계해야 한다. 때로 학교 내에서 비슷한 생각을 가진 사람들끼리 무리를 지어 학교의 방향과 정책을 좌우한다. 물론 좋은 뜻에서 나온 의견일 때도 있다. 그러나 학교의 여러 사안들이 한 그룹이 힘을 쓰는 방식으로 결정되면, 다른 구성원들은 학교 교육 활동에 소극적으로 참여하게 된다. 모든 구성원들이 소속감을 느낄 때 가장 큰 참여와 역동이 일어날 수 있다. 이것은 자신의 의견이 얼마만큼 공동체에 들리는가에 따라 결정된다. 모두의 의견을 구할 수 있는 절차를 만들고 그 의견에 함께 장단점을 탐구하는 문화를 만들어, 함께 결정하고 실천하는 분위기를 만들어 가야 한다.

공동체의 신뢰 관계를 가꾸기 위해서는 먼저, 함께 가야 할 비전을 공유하고 주어진 과제를 함께 깊이 탐색하며 실천하고 배우는 공동체를 지향해야 한다. 학교가 있는 마을의 모습, 학생들의 상태, 학교 구성원들의 지향에 따라 비전이 다를 수 있다. 학교 구성원들과 그 비전을 함께 만들고, 공유해야 한다. 그것에 따라 과제가 설정되면 과제의 장단점을 함께 분석하고 실천 방법을 찾아 나가야 한다. '우리의 실천'으로 함께 책임지고 실천하는 교육 활동이 되어야 한다.

또 한 가지, 그 과정과 결과에서 함께 배움을 이루는 공동체여야 한다.

교직은 실천에서 경험적 지혜가 쌓이는 직업이기 때문에 아무리 잘 계획하고 실천해도 현장에서는 예상 밖의 일들이 생긴다. 그 지점이 바로 가장 중요한 배움의 순간이라는 것을 모두 인식하고, '누가 무엇을 잘못했는지' 보다 '무엇을 어떻게 했다면 좋았을까'를 함께 고민하며 찾아나가는 관계여야 한다.

닥친 어려움에 공동으로 대응한다는 것은 서로 협의와 협력이 가능한 관계여야 가능하다. 어려움을 다른 사람에게 드러낼 수 있다는 것은 그만큼 신뢰 관계가 구축되었다는 의미이기 때문이다. 만약 어려움이 닥쳤을 때 서로 잘못을 탓하고 책임을 돌리는 분위기라면, 적극적인 교육 활동이 이루어지지 않을 것은 자명한 일이다. 자기 책임을 면하기 위해 최소한의 활동만 하려고 하게 된다. 적극적인 교육 활동이 이루어지려면 서로 신뢰하는 관계로 닥친 어려움을 드러내고 상의하고 함께 대응할 수 있도록 해야 한다.

사회 운동가이자 교사인 파커 파머의 도서 〈가르칠 수 있는 용기〉 4장에는 세 가지 커뮤니티 모델을 소개한다. 관계성을 바탕으로 친밀감과 소속감을 특징으로 하는 치료 모델, 공동의 영역과 자원을 공유하여 상호 간의 갈등과 문제를 해결하는 민간 커뮤니티 모델, 기관의 목표와 그 성과를 측정하는 것을 바탕으로 한 마케팅 모델이다. 각각의 장단점이 있지만, 파커 파머는 학교가 가져야 할 공동체의 모습은 이 세 가지 모델에서 벗어난 '진리의 커뮤니티'의 모습을 가져야 한다고 말한다.

진리의 커뮤니티 구성원들은 자기 스스로를 공동체의 한 부분으로 인식하는 겸손한 태도, 각자의 의견에 대해 '옳다, 틀렸다' 판단하기보다 그 의도와 장점을 취해 결과에 반영하는 태도, 활발한 상호 작용과 상호 의존적인 태도를 갖는다. 그 결과 공동체에서 벌어지는 일에 함께 숙의하고 탐색하며 실천하고 그 과정에서 배우는 태도를 갖게 된다. 우리 실정에 맞춰 생각해 본다면 '공적 관계를 바탕으로 학교 비전을 향해 가는 민주적 공동체'라고 말하고 싶다. 이 과정에서 교사들도 공동체성을 갖게 되고, 자연스럽게 학급에서 이런 철학을 실천하게 된다.

다음은 우리 학교에서 이루어지는 교직원 대화 모임의 활동이다. 학교의 공동체 운영을 고민하는 선생님들이 참고하면 좋겠다.

시기	모임 주제	내용
2월 워크숍 첫날 3시간	환영 및 알아 가기 서클	친교 놀이, 자기소개 환영 및 마음 나누기
2월 워크숍 마지막 3시간	교직원 공동체 약속 서클	교직원 공동체 가치와 비전, 구체적인 약속 정하기
4월 중순	교직원 공감 서클	마음 나누기, 공감 대화 갈등 조정 연습
5월 말 3시간	활동으로 교류하기	(그동안 했던 활동들) 교직원 체육 대회, 나만의 염색 티셔츠 만들기, 향수 제조하기 등 즐겁게 교류하는 시간
7월 중순	학기 말 평가회 서클	공동체 약속 자기 점검, 약속 수정하기, 1학기 교육과정 설문 조사 결과 공유 및 안건 회의
9월 말	교무실별 상견례	마음 나누기, 공감 대화
10월 말	활동으로 교류하기	즐겁게 활동으로 교류하는 시간
12월 말	학기 말 평가회 서클	2학기 교육과정 설문 조사 결과 공유 및 안건 회의

학생들과
인간성 회복의 공동체 만들기

내가 속한 학교는 3월 2일 개학일에 학급마다 2시간씩 서클 대화를 진행해 주는 전문 강사들이 온다. 학생들은 학교에 입학하는 첫날 첫 모임을 서클로 만난다. 학급 담임 선생님들도 한 사람의 참여자로 학생들과 서클에 함께한다. 환영 서클과 서로 알아 가기, 긍정적인 마음으로 교류하는 활동으로 학생들이 서로에게 마음을 여는 시간을 갖는다. 이미 2월 교직원 신학기 워크숍에서 서클을 경험한 선생님들은 강사와 함께 3월 첫 서클에 참여하면서 서클 진행 감각을 익히게 된다.

서클 활동 중에서 특히 관심을 두는 것은 '모두 돌아가며 발언하기'이다. 이야기를 하지 않겠다고 '패스'한 학생도 다음 서클이 돌아가기 전에 자기 생각을 말하도록 하는데, 모두 발언하는 '민주적 관계'를 만드는 데 중요한 가치를 둔다. 그리고 가능하면 한 달에 한 번 자치 시간을 확보해 학급 공동체 서클이나 회의 서클을 진행한다. 인권자치부에서 자치 시간에 운영할 서클 질문지를 제작하여 담임 선생님들에게 보내면, 담임은 자율적으로 질문지를 재구성하여 학급의 상황에 맞게 서클을 진행한다.

입학 때부터 서클을 경험한 아이들은 3학년까지 진지하게 서클 활동에 참여하며, 그 문화는 오랫동안 이어지고 있다. 그런데 코로나로 인해 서클을 제대로 경험하지 못한 학년이 있다. 그 영향 때문인지 학생 구성원의 분위기인지 모르겠지만, 확실히 그 학년은 자유분방하다. 그 학년을 맡은 선생님들은 서로에 대한 애정이나 배려, 선생님과의 끈끈한 정을 쌓아 가는 데 좀 더 시간이 걸린다는 의견이다. 코로나 팬데믹 이후 학생들이 공동체 감각을 다시 경험하고 되살릴 중요한 시기인 것이 확실하다.

학생들과의 서클 대화에서 가장 중요한 것은 첫 번째로, '자신의 이야기를 할 수 있는' 질문을 넣는 것이다. 우리는 모두 똑같은 감정을 느끼고, 잘 살아가기 위해 최선을 다하는 같은 존재라는 것을 감각하는 데 초점을 맞춘다. 마지막 질문으로는 위로, 격려, 감사의 말을 하는 시간을 가져, 긍정적인 상호 작용을 경험하도록 한다.

두 번째는 앞에서도 말했지만, 서로 공평한 힘을 가진 민주적 관계를 만들기 위해 노력한다. 이것은 발언의 기회와 시간에 큰 영향을 받는데, 한 조직에서 힘을 가장 많이 가진 사람이 말을 제일 오래 길게 한다. 서클 대화에서 토킹 피스는 말하는 시간과 기회를 고르게 분배하여 공평한 힘을 갖도록 하기에, 가급적 모두가 발언하도록 한다.

학급 서클 관련 도서들이 많이 나와 있으므로, 여기서는 교사의 마음가짐에 대해 이야기하려고 한다. 서클을 진행하기 위한 기술적인 부분을 익히는 것과 함께, 어떤 마음가짐을 가지고 있어야 하는지 다음 사례에서 알 수 있다.

R 선생님은 중3 남녀 공학 학급의 담임이다. 3월 초, 남학생들이 힘이 약한 몇 명의 학생을 놀리기 시작했다. R 선생님은 고민이 깊었다. 한 학생은 1, 2학년 때에도 왕따를 당하던 학생이었는데, 불쑥 화를 내는 성격 때문에 더 놀림감이 되고 있었다. 선생님은 남학생 한 명 한 명과 상담을 하는 대신, 주변 선생님들에게 도움을 요청하여 서클 대화를 기획하였다.

주제	학기 초 서로 깊이 이해하는 서클				
인원	남학생 19명	대상	중3	시기	3월 말
토킹 피스	하트 쿠션		센터 피스	기린 인형	
서클 질문					
여는 질문	가장 좋아하는 급식 메뉴				
주제 질문	1	나는 학교에서 어느 시간이 가장 좋은가?			
	2	나의 어떤 특성 때문에 친구들에게 배려받고 싶은 것이 있다면?			
	3	우리 반 친구들과 올해 꼭 해보고 싶은 것은?			
닫는 질문	오늘 서클 대화 경험에서 만족한 점은?				

다음은 R 선생님이 기록한 서클 대화 후기이다.

첫 두 질문에 아이들 분위기가 부드러워지고 경쾌해졌다. 주제 질문 중 2번에 대답하는데, 평소 생각하던 주제가 아니어서 그런지 패스를 하는 아이들도 있었다. 그러다가 우리 반에서 가장 덩치가 크고 친구들에게 신뢰도 많이 받는 한 남학생이 이야기하였다.

'어릴 적 발달장애를 겪어서 5살 때까지 걷지를 못했어. 그런데 그게 남아 있어서 아직도 운동할 때 움직임이 둔해' 하고 말하니, 이미 이 친구를 알고 있던 많은 아이들이 처음 들었는지 조금 놀란 눈치다.

나는 진행자로서 "그래서 배려받고 싶은 게 뭐니?" 하고 물었더니, "학급별로 축구 경기를 하는데, 저 때문에 우리 반이 지게 될까 봐 걱정이에요. 최대한 열심히 할 텐데 혹시 나 때문에 잘하지 못하게 되더라도 이해해 줘" 말하는 것이다.

이 아이는 아직 시작도 하지 않은 학급 간 축구 경기 걱정을 하고 있었다. 자기 건강에 대한 걱정보다 학급 간 축구 경기를 걱정하고 있었다니…. 부반장 남자아이가 한마디 끼어든다.

"야, 너 건강부터 걱정해야지 그깟 축구 경기를 걱정하고 있냐. 그건 잘할 수도 있고 못할 수도 있는 거지"라고 한다. 그랬더니 다른 아이들도, 그 아이에게 전하는 따뜻한 위로의 마음에 모두 끄덕끄덕하였다. 몇몇 아이들의 표정이 바뀌고 대화 분위기가 온화해졌다. 이 온기 때문인지 그 뒤부터 몇 명의 아이들이 자신의 솔직한 이야기를 하기 시작한다.

얼굴에 틱 경련이 있는 아이가 한참을 망설이다가 "사실, 틱 움직임을 자꾸 참으려고 하는데 참으려고 하니 얼굴이 빨개지고 쑥스러워서 말을 못 하겠어. 그래서 내가 발표할 때는 내 얼굴을 안 봐 주면 좋겠다"는 이야기를 힘들게 꺼냈다.

그리고 다른 한 아이는 "내가 화가 나면 분노 조절이 잘 안 돼. 그때 물건을 던지거나 하는데 그때 나를 말리면 더 심해지는 것 같아. 내가 화가 나면 달래지도 말고 그냥 가만히 나를 놔둬 줘" 하고 깊은 속내를 드러냈다.

중학교 3학년 첫날부터 놀림을 당하던 학생의 발언 순서가 돌아왔다.

긴장되었다. 이 아이는 다른 남학생들에게 놀림을 당했을 때, 욱하는 마음에 책상을 차거나 화를 내며 나가는 행동도 했다. 그러면 남학생들이 모두 웃어 버려 아이를 놀리는 상황이 되곤 했다. 그 아이는 토킹 피스를 들고 한동안 침묵하더니, 드디어 입을 열었다.

"나는 엄마가 다른 사람과 전화할 때, 내 지능이 자폐아와 정상인의 경계라고 한 이야기를 들었어. 내가 가끔 멍하니 있거나 잘 알아듣지 못해도 나를 놀리지 말아 줘" 하고 자신의 상처를 드러냈다. 학생들 모두 찬물을 끼얹은 듯 조용해졌다. 지금 학생들의 침묵은 이 아이가 그때 받았을 상처와 힘겨움의 크기를 느꼈기 때문이었을까? 아니면 지난 2년간 이 아이를 놀림거리로 삼았던 자신들에 대한 반성이었을까? 나는 둘 다였을 것으로 생각한다. 큰 용기를 내어 이야기했는지, 그 아이는 토킹 피스를 넘기는 것도 잊어버렸다. 나도 이 침묵을 그대로 놔두었다.

그때 다른 남학생이 한마디 끼어든다. "난 네가 우리를 싫어하는 줄 알았어. 학교에 도착해서 자리에 앉을 때 쾅쾅대며 앉고, 혼잣말로 조용히 욕도 해서 우리를 싫어하는 줄 알았어" 말하니 아이도 "그랬다면 미안해. 그런 건 하지 않을게" 하고 말했다.

이 서클 이후 아이를 향한 놀림은 멈추었고, 우리 반에 들어오는 다른 교과 선생님들도 툭하면 아이를 놀리던 남학생들이 행동이 달라졌다며 놀라워했다. 그리고 학급 행사가 있어 모둠을 만들 때면 남학생 그룹이 돌아가면서 이 아이와 모둠을 구성했다. 남학생들이 보여 주는 빠른 적응과 안정에 놀랐다.

서클 대화 이후 아이들은 '모두에게 자기만의 형편과 사정이 있다'는 것을 알게 된 것 같다. 개성이 강한 학생들이 있었는데, 무언가 심상치 않은 일이 벌어지면 진지하게 질문하고 이야기를 듣는 분위기가 형성되었다.

서클 마무리 질문은 '1년 동안 무엇을 같이 하고 싶나요?' 였는데, '1박 2일을 하고 싶다', '친구들끼리 강릉으로 기차 여행하고 싶다', '단합 대회를 빨리하고 싶다' 등의 대답을 하면서 행복한 학급의 미래를 상상하였다. 학급 활동에 대한 긍정적인 기대와 희망은 이후 벌어지는 여러 갈등을 빠르게 안정시키는 데에도 힘이 되었다.

단합 대회를 빨리 개최하기로 하고 서클 대화를 마쳤다. 무척 아쉽게도 여행은 가지 못했지만, 그 학급에서 4번의 단합 대회를 아주 즐겁게 실천할 수 있었다. 50분 정도 짧은 서클에서 깊은 대화를 했고, 지난 2년간 놀림으로 어려움을 겪었던 아이의 부모도 전화를 걸어 왔다. 오늘 아이가 자신의 이야기를 충분히 했고 친구들 마음도 잘 헤아릴 기회가 되었다며, 매우 감동했고 감사하다고 전했다.

참으로 감동적이고 아름다운 이야기다. 하지만 현실에서 학생들과 서클 대화를 하다 보면 진지한 분위기를 만들어 나가기 어려울 때도 많다. 학생들이 패스를 남발하거나, 너무 시끄럽게 장난을 많이 치기도 한다. 소극적인 아이들이 자신의 이야기를 잘 하지 않아 서클 대화가 원만하게 진행되지 않는 어려움들도 발생한다.

그런데 잘된 서클 대화, 잘못된 서클 대화는 없다. 서클 대화가 '서로 진술한 모습을 조금씩 알아 가고 소통하는 데'에 의미를 둔다면, 꼭 진지하게 대화를 이어 나가는 것만이 목표가 아니라, 이 모든 것이 소통이고 교류라는 것을 알게 된다. 장난을 많이 치는 아이들이 있는 학급이라면, 아예 공동체 놀이를 늘려서 신나게 놀다가 마지막에 질문으로 '오늘 친구에 대해서 새롭게 알게 된 점'을 공유하는 시간을 가진다. 패스를 많이 외치는 그룹이라면 좋은 음악, 시, 그림 등을 소재로 하여 '내 마음에 쏙 들어오는 단어 혹은 구절 말하기'로 서클 대화를 진행해 본다. 어느 한쪽 그룹의 힘이 너무 강한 학급이라면, 모래 시계 등으로 말하는 시간을 일정하게 맞춰 진행한다.

꼭 서클 대화가 아니어도 학생들이 지금 자기 마음을 표현하는 것, 몸짓으로 자기 마음 표현하기, 사회 이슈로 자기 생각을 돌아가면서 말하기 등 수업 중 다양한 교류를 진행할 수 있다. 시시때때로 자기 마음과 상태를 공유하는 것이다. 그러면 서로 더 잘 알게 되고, 인간적 이해의 지점이 늘어나게 된다. 서로 알게 되는 지점이 늘수록 이해의 폭이 넓어진다. 학생들 사이의 관계에서 이것이 굉장히 중요하다. 이런 것들을 꼭 학교에서 배워야 한다.

때로 모두가 함께 겪는 어려움을 서클 대화로 함께 해결하면서 서로 이해하기도 한다.

S 선생님 학급에서는 계속해서 크고 작은 도난 사건이 일어난다. 선생님은 곤혹스럽다. 가져간 학생을 찾기도 어렵거니와, 그 아이를 찾는다 하더라도 어떡해야 할지 난감하다. 그 아이가 왕따가 되지 않을까, 더 어긋나지 않을까 싶어 걱정도 된다. 만약 물건을 가져간 친구가 스스로 책임지고 반성까지 하면 어떨까 하는 생각과 서로 간에 깊은 이해의 지점을 만들기 위해 서클 대화를 기획하고 실천하였다.

여는 질문으로 '학급에서 계속해서 도난 사건이 일어나고 있는데, 학급에서 지내는 내 마음은 어떤가?'를 물었을 때 물건을 잃어버린 학생들도 자기의 마음을 이야기했지만 물건을 잃어버리지 않은 아이들도 긴장되고 불편한 마음을 이야기하였다.

주제	도난 사건으로 인한 공동체 영향		
토킹 피스	하트 쿠션	센터 피스	각자에게 소중한 물건들
서클 질문			
여는 질문	학급에서 계속해서 도난 사건이 일어나고 있는데, 학급에서 지내는 내 마음이 어떤가?		
주제 질문	1	(물건을 잃어버리지 않은 아이들은) 물건을 잃어버린 사람들의 마음이 어떨지 추측해 보자. (물건이 없어진 아이들은) 어떤 물건이었는지, 그리고 지금의 자기 마음을 이야기해 보자.	
	2	물건을 가져간 아이는 어떤 마음이 생겨서 가져갔을지 이해해 보자.	
	3	이 문제가 어떻게 해결되면 좋을까?	
닫는 질문	우리 모두와 그 아이에게 혹시 부탁할 것들이 있다면?		

이때 어떤 아이들은 크게 비난을 하는 경우도 있을 수 있는데, 진행하는 선생님이 '비난을 뺀 진심'으로 바꿔 주면 좋다. 예를 들어 학생이 '가져간 아이가 정말 이상해요, 나쁜 아이예요'라고 말한다면 '그만큼 학급에서 지내기 불편하고 힘든 거지?' 하고 '비난을 뺀 자신의 진심'으로 바꿔 표현해 준다.

주제 질문으로, (물건을 잃어버리지 않은 아이들은) 물건을 잃어버린 사람들의 마음이 어떨지 추측해 보고, (물건이 없어진 아이들은) 어떤 물건이었는지, 그리고 지금의 자기 마음이 어떤지도 이야기하도록 했다. 학생들 중에는 물건에 깃든 추억 이야기를 들려 주는 아이들이 있었다. 일이 바쁜 아빠와 가끔 만나는데 그때 아빠가 사 준 지갑이었다는 이야기, 용돈을 오랫동안 모아서 산 비싼 볼펜이라든가, 체육복 바지가 없어져서 다른 반에 가서 급하게 빌리느라 수업에 늦은 이야기 등 피해 상황과 속상한 마음을 드러냈다.

이때는 학급 친구들이 물건이 없어진 아이들의 마음을 공감하며 듣고 있기 때문에, 물건이 없어진 아이들은 자기 자신을 진술하게 표현할 수 있는 부분이 있다. 이 부분이 잘 이야기될 수 있도록 진행한다.

두 번째 주제 질문으로, 물건을 가져간 아이는 어떤 마음이 생겨서 가져갔을까, 물건을 가져간 그 아이의 마음도 공감해 보자고 제안하였다. 어떤 학생들은 끝까지 공감하지 않았지만, 많은 학생들이 다양한 상상력을 동원하여 물건을 가져간 아이를 공감하였다. '형편이 어려워서 돈을 보았을 때 갖고 싶은 물건들이 떠올랐을 거예요', '습관적으로 친구들 물건을 훔치고 싶은 마음이 있었을 수도 있어요. 그러면 빨리 치료를 받아야 하지 않을까요?', '비싼 볼펜을 보고 많이 갖고 싶었을 거예요' 등의 대답을 하였다.

어떤 아이들은 공감하고 싶어 하지 않을 수 있다. 그러면 그 마음도 공감해 준다. '그만큼 속이 상하고, 잘못된 행동이라는 것을 알아 주면 좋겠는 거지?' 하고 말해 준다.

세 번째 주제 질문으로, 이 문제가 어떻게 해결되면 좋을까 물으니, 학생들이 관대한 제안을 한다. '지금 자백하는 게 창피할 수 있으니, 빈 사물함에 넣어 두면 좋겠어요', '강당이나 화장실 같은 잘 보이는 곳에 두었으면 좋겠다', '선생님에게 몰래 찾아가 잘못을 빌고 물건을 반납하면 좋겠다' 등의 여러 가지를 제안하였다.

닫는 질문으로, 우리 모두와 그 아이에게 혹시 부탁할 것들이 있다면 하고 물으니, 학생들은 다양한 부탁을 한다. 돈은 이미 썼을 수도 있으니 자기에게 소중한 지갑만 돌려 달라고 한 아이도 있고, 학급 전체에 그 아이가 우리가 정한 장소에 편안하게 둘 수 있도록 자꾸 그 장소에 가지 말자고 부탁하기도 하였다.

S 선생님은 도난 사건에 대한 서클 대화를 5번 정도 진행하였다고 했다. 다른 선생님이 도움을 요청해서 그 학급에 함께 들어가 진행하기도 했고, 국어 수업을 들어가는 학급에 도난 사건이 생겨서 서클 대화를 진행하기도 했다. 서클 후에 여러 가지 상황이 벌어졌는데, 한번은 지갑만 돌아온 적이 있다. 그 지갑은 오랜만에 집에 오는 아버지와의 추억이 깃든 지갑으로, 약속된 장소가 아닌 다른 학년 화장실 선반 위에서 발견되었다. 그리고 이 서클 대화를 진행한 5개의 모든 학급에서, 서클 이후 도난 사건이 일어난 적이 없었다고 하였다. 왜 그랬을까?

중요한 것은 물건을 가져간 아이도 서클에 참여해서 이야기하고 들었다는 점이다. 서클 대화 내내 안 가져간 척하느라 애썼을 것이다. 거짓말도 해야 했고, 친구들의 고통도 들어야 했다. 그 과정에서 진심으로 친구들의 고통을 공감하게 되었다면 정말 성공적인 교육 활동이다. 공감까지는 아니더라도, 자기 잘못이 일으키는 영향을 직면하고 긴장감을 느끼고 후회하는 시간도 가졌다면 다행이다.

인천 교육 연수원 1급 정교사 연수에서 이 공동체 대화를 진행한 적이 있다. 한 선생님의 학급에서 일어난 도난 사건으로 실습을 했고, 범인도 누구인지 알 것 같다고 하여 해당 선생님이 직접 그 범인 역할을 하고 다른 선생님들이 학급 친구들 역할을 하면서 이 서클 대화를 진행했다. 그런데 연수 후에 범인 역할을 했던 선생님의 후기가 놀라웠다.

범인이었던 학생은 그 지역 경찰 고위직의 아들이었고, 학급 부반장이었다. 그 아이가 도난 사건 서클 대화 과정에서 느낀 것은 긴장감이나 자책감, 죄책감이 아니라 오히려 그 반대로, 쾌감이었을 거라고 했다. 담임 선생님의 예상으로는 자기가 일으킨 일로 다른 사람들이 얼마나 괴로워하는지를 보고 들으면서 쾌감을 느꼈을 것이라는 이야기를 하였다.

만약 이것이 진실이라면 중학생밖에 되지 않은 아이의 인간의 대상화, 타자화가 얼마만큼 진행되었는지 알 수 있다. 아직 중학생밖에 되지 않은 아이가 다른 사람들의 고통에 무감각을 넘어 쾌감을 느끼는 정도로 진행될 수 있다는 것에 충격을 받았다. 이런 현실 앞에 무력감이 밀려오는 시간이었다.

그러나 이런 무력감 앞에서 회피도, 외면도, 너무 큰 책임감도 답이 될 수 없다. 그저 내 자리에서 내 역할을 묵묵히 해 나가는 것밖에 도리가 없다. 학교가 삶의 공간, 사람과 사람이 마음으로 만날 수 있는 공간이 되도록 나부터 학생들을 마음으로 만나는 것, 아이들이 마음으로 만날 수 있는 지점을 만들어 가는 것, 그것이 우리가 할 수 있는 최선이다.

공동체성이 갖춰지면 공동체가 구성원을 스스로 돌보게 된다. 구성원 중 누군가는 힘든 아이를 돕게 되어 있다. 여러 경험을 통해 확인한 진실이다. 또 공동체는 구성원 간의 힘의 균형을 이루게 한다. 모두가 자신의 생각과 의견을 말하는 구조이기 때문에 모두 공평한 힘을 가진다. 설령 한쪽으로 힘이 기운다 하더라도 갈등을 통해 서로 더 깊은 이해의 지점

이 이루어지기도 하고, 약속을 재정비함으로써 다시 힘의 균형을 잡아

가도록 한다.

공동체성을 갖추어 선생님 혼자 교실에서 모든 것을 책임지고 이끌기

보다, 선생님도 구성원으로서 돌봄을 받으면서 회복하기를 바란다.

함께 돌봄,
마음 친구 공동체 만들기

기독 교사 실천 모임인 좋은교사운동에서는 '마음 친구 공동체' 서클 대화를 주기적으로 운영한다. 이 글의 제목 '마음 친구 공동체' 명칭은 거기서 가져왔다. 나는 좋은교사운동 모임 소속도 아니고, 전국교직원노동조합 소속 교사도 아니다. 워낙 꾸준하지 못한 성격에 종교는 거리가 멀고, 내가 대학을 다닐 때는 운동권 출신 선배들도 거의 볼 수 없는 시대였다. 운동이라고 해봐야 고작, 등록금 투쟁에 참여해서 대학 본관에 10원짜리 동전 몇 개를 던지는 행사에 참여했던 정도다. 그런데 많은 사람들이 나를 좋은교사운동 소속 교사, 전교조 소속 교사로 알고 있는 것은 '서클 진행과 공동체 형성'에 관심이 많고 꾸준히 실천하고 있기 때문일 것이다.

나는 비폭력 대화와 회복적 생활 교육, 드라마 치료와 통합 예술 치유 과정, 즉흥 공감 극장 등을 배우면서 서클 대화에 크게 매료되었다. 조금 과장해서 이야기하자면, 각종 연수를 통해서 기술을 배울 수 있었지만 결국 순서대로 말하는 서클 대화 모임에서 내면이 전환되고 성장했다고 할 수 있다.

지난 18년 동안 나는 크고 작은 서클에 소속되어 마음 공부를 지속해
왔다. 교사 혹은 일반인 서클 대화 공동체를 구성하여 대화 모임을 이끌
기도 하고 해체하기도 했다. 그래서 마음 친구 공동체 같은 마음 돌봄
서클 대화가 사람들의 회복에 매우 중요한 기능을 한다는 것을 알게 되
었다.

여기서 '마음 친구 공동체'는 자기 생활에서의 경험과 공동체 안에서
일어나는 모든 것들을 통해 자기 이해와 돌봄, 함께 돌봄, 마음 치유가
목적인 그룹을 말한다. 마음 친구 공동체 서클 대화에서는 마음 나누기
로 자신을 이해할 수 있다. 이런 모임이 삶 자체에 얼마나 큰 도움과 응
원이 되는지 모른다.

T 선생님은 최근 담임 학급 학생이 자살 시도를 했다. 학생의 위기 상
황을 알게 되었고, 그간 열심히 학생과 상담을 해 오던 중에 일어난 일이
어서 선생님의 정신적인 충격이 매우 컸다. 선생님은 경찰 조사를 받으
며 담임으로서 역할을 다한 것을 증명해야만 했고, 학교 차원에서도 여
러 조사를 받게 되었다. 벌어지는 상황 속에서 선생님은 복잡한 생각으
로 마음이 혼란스러웠다. 함께하는 공동체에 참여하여 이야기를 나누
었다.

마음 친구 공동체 체크인 시간, 억눌러 감추려고 했던 선생님의 가슴
앓이가 드러났다. 선생님은 아이가 걱정되는 마음, 경찰 조사에서 아이
가 매우 위험한 상황임에도 담임으로서 할 일을 다했다고 이야기해야만
했던 순간의 자괴감, 학교에 들어온 조사에 대한 부담, 부모의 민원으로
다양한 감정적 어려움과 혼란스러운 생각 사이에서 힘들어하고 있었다.

가장 크게 교사로서 무능감과 큰 자책감에 시달렸다.

서클 대화에 참여한 모든 선생님들이 T 선생님의 고통을 돌아가면서 공감하고 위로와 격려를 나눴다. 담임교사로서 최선을 다했으나 도울 수 없었던 부분에 대한 애도도 함께 나눴다. 우리는 교사로서 어디까지 해낼 수 있을까 하는 질문에 각자의 마음속 깊이 있는 생각도 나눴다. 특히 T 선생님이 가장 힘들어했던 부분, 최선을 다했으나 아이의 깊은 마음의 상처까지 바꿀 수 없었던 아쉬운 마음, 슬픈 마음을 수용하고 애도를 나눴다.

놀랍게도 이런 어려움은 T 선생님만 겪는 것이 아니었다. 15명 내외의 소그룹이었음에도 그중에 3명 정도가 비슷한 일을 겪은 선생님들이었다. 자신의 고통과 비슷한 상처를 가지고 있는 사람의 이야기를 들으면 고립감에서 벗어나 큰 위로를 얻는다. 그날 T 선생님과 함께한 선생님들 모두 위로를 주고받으며 서로에게 힘이 되어 주었다.

생각만 할 때는 뒤죽박죽 혼란스럽던 것을 언어로 정리하면서 자신이 사건을 어떻게 해석하는지가 드러난다. 그것을 공동체의 따뜻한 힘으로 돌보면 내면이 정리되면서 회복이 되고, 상황을 명료하게 판단할 수 있다. 또 공동체 서클 대화를 통해 같은 시대에 살고 있는 우리가 겪는 고통이 나만의 것이 아님을 알게 된다. 이를 마음속 깊이 숨겨 두고 혼자 견디면 죄책감과 두려움, 수치심 등을 쌓아 두고 무겁게 살아가게 된다. 마음 친구 공동체 서클 대화를 나누면 모두가 연결되어 있음을 알게 된다.

젊은 교사인 U 선생님은 학교 폭력 담당 교사로서 어려움을 토로하였다. 업무 처리가 복잡한 일이다 보니 학교 폭력 업무 부장 교사의 도움이 필요하다고 절실하게 이야기했다. 어려움을 공감으로 나누는데, 그 자리에 다른 학교에서 학교 폭력 부장 업무를 맡고 있는 선생님이 계셨다. 그 선생님은 젊은 교사의 고충을 공감하고 이해하면서 본인의 학교, 학교 폭력 담당 교사에게 어려움이 없는지 살펴봐야겠다는 이야기를 하였다. 또 부장으로서 겪는 어려움도 함께 표현해 주었다. 젊은 교사는 부장 교사의 어려움을 그날 자세히 알게 되었다.

어쩌면 젊은 교사와 부장 교사는 서로 간접적인 소통이 되지 않았나 생각한다. 이렇게 우리는 공동체 서클 대화를 통해 모두 연결되어 있다는 것을 알 수 있다. 더 나아가, 마음 친구 공동체에서는 타인을 통해 자신을 더 잘 알 수 있다.

V 선생님은 공동체 대화 모임에 있는 W 선생님이 말을 길게 하는 행동이 너무 싫다. 그 선생님만 보면 '잘난 척하네', '자기 생각이 가장 합리적이라고 말하네' 하는 생각이 올라오고 감정이 힘들어진다. 그 마음, 감정과 감각, 생각을 하나하나 관찰하였다. 그리고 자신이 어느 지점에서 가장 큰 자극을 받는지 알아차렸다. W 선생님이 아주 천천히 자신의 생각을 논리적으로 펼칠 때, 순간 V 선생님은 자신의 진짜 감정이 그분에 대한 비난이 아니고 부러움이라는 것을 깨달았다. V 선생님은 자기의 숨은 마음을 발견하고 돌볼 기회로 삼았다.

평소 우스갯소리도 잘하고 분위기를 즐겁게 만드는 V 선생님은, 자신이 의견을 말할 때는 늘 다른 사람의 이야기를 듣고 종합하는 역할을 하거나 다른 사람들의 뜻에 맞춰 준다는 것을 알게 되었다. 자신이 잘하지 못했던 부분에 대한 답답함을 W 선생님의 행동을 통해 알아차린 것이다. V 선생님은 조금씩 자기 표현을 늘리는 연습을 했다.

W 선생님은 한번 말을 시작하면 길어지는 경향이 있다. W 선생님의 긴 이야기를 몇몇 선생님들이 견디기 어려워했다. 그러던 어느 날, W 선생님이 이야기를 시작할 때 한 선생님이 제안을 한다. '우리 모두의 이야기를 고루 듣고 싶은데, 한 사람이 3분 정도만 이야기하는 것은 어떨까요?' W 선생님이 그 제안에 '제가 늘 이야기가 너무 길죠? 우리 식구들이 나가서 조심하라고 했는데, 또 길어졌나 봐요. 누가 3분이 되면 알려 주세요' 하고 제안을 받아들였다. V 선생님, W 선생님, 제안한 선생님 모두가 관계 속에서 자신의 행동을 객관화하고 자기를 이해하는 데 도움을 받을 수 있었다.

마음 친구 공동체 서클 대화는 전체를 이해할 수 있도록 해 준다. 교육철학, 학생관, 교육에 대한 비전, 사회적 이슈, 성 정체성 등과 관련한 질문으로 서클 대화를 하면 각자의 생각이 드러난다. 여러 생각들이 모여 각 주제를 온전하게 이해하도록 돕는다. 자기의 생각이 일부분이고, 그런 일부분이 모여 전체를 이룬다는 것을 감각하도록 해 준다. 관계 속의 자신, 공동체의 부분으로서 자신을 인식하는 것은 민주적이고 성숙한 어른스러움을 갖추도록 한다.

사람은 혼자서는 살아갈 수 없는 관계적 동물이다. 관계 속에서 존재감, 소속감, 안정감, 자기 신뢰, 타인의 인간적 이해 등을 서로 배우면서 살아간다. 그런데 우리는 어릴 적부터 자주 혼나거나 칭찬받는 등 조건화된 생활 속에서 자랐다. 솔직하게 있는 그대로, 연약하고 취약한 내 모습 그대로를 이해하고 공감해 주는 공동체가 드물었다. 이런 마음 친구 공동체에 속해서 안전하게 공감받으며 자기를 이해하고 돌보고 함께 돌보는 시간을 갖는 것이 매우 중요하다. 장담하건데, 심리상담사를 찾아가서 상담받고 치료를 받지 않아도 된다.

거기에 한 가지를 더해 조금 더 성장에 촉진되는 활동을 함께 하기를 제안한다. 얕게는 간단한 공감 대화 연습부터, 내면의 깊은 마음 돌보기 등의 활동을 함께 한다면 자기 마음 돌봄과 함께 돌봄 모두에 큰 힘이 될 것이다. 그동안 인천 선생님들과 함께 나누었던 활동 사례와 활동지를 다음에 소개한다. 마음 친구 공동체에서 함께 나누며 의미 있는 시간을 보내면 좋겠다.

✱✱ 함께 연습하기

　다음은 2022년 여름, 교사 생활 교육 역량 강화 훈련으로 내면 치유와
상호 협력적 관계 맺기 방법 연수에서 진행했던 활동들이다. '비폭력 대
화 소통 훈련', '화', '소진', '내면 갈등'과 같은 주제로 연습하는 방법
과 활동 사례를 소개하니, 참고하여 적용해 보면 좋겠다. 학년 공동체 선
생님들, 전문적 학습 공동체 선생님들과 서로 격려를 주고받으며 자기
돌봄, 함께 돌봄의 시간을 가져 보자.

비폭력 대화 - 관찰

세 명(A, B, C)이 모두 둘러 앉는다.

1. A가 요즘 근황을 1분 동안 이야기한다. B는 A의 말과 행동을 모두 복사하듯
   기억한다.

2. B가 1분 동안 A가 했던 말과 행동을 그대로 재연한다.

3. B가 자신의 근황을 1분 동안 이야기한다. C는 B의 말과 행동 모두를 복사하
   듯 기억한다.

4. C가 1분 동안 B가 했던 말과 행동을 그대로 재연한다.

5. C가 자신의 근황을 1분 동안 이야기한다. A는 C의 말과 행동 모두를 복사하
   듯 기억한다.

6. A가 1분 동안 C가 했던 말과 행동을 그대로 재연한다.

이 활동 후 인상 깊었던 소감이 있다. '내가 그동안 얼마나 다른 사람
의 이야기를 판단하며 들었는지 알게 되었어요' 라는 말이었다. 자세하
게 이야기해 달라고 요청했더니, 다른 사람의 이야기와 태도를 복사하
기 위해서는 그 사람의 말과 행동을 바라봐야 한다는 생각을 하고 있는
데 자꾸 그 사람의 이야기에 판단을 하고 있는 것을 알아차려서 여러 번
관찰로 돌아와야 했다는 것이다. 짧은 시간 동안 판단으로 빠져들 때가
너무 여러 번이어서 자기도 매우 놀랐다고 하였다.

비폭력 대화 - 느낌

2명(A, B)이 짝이 되어 활동한다.

1. A가 요즘 근황을 2분 동안 '어쩌고저쩌고'만 사용해서 말한다. 이때 B는 A의 표정이나 목소리의 높낮이, 몸동작을 통해 A의 느낌과 감정을 추측한다.

2. A가 2분 말하기를 끝내면 B는 추측한 감정 단어를 활용해서 "요즘 ~한 느낌이세요?"라고 반영한다. A는 맞으면 맞다, 아니면 아니다 솔직하게 대답한다.

3. 역할을 바꿔서 진행한다.

소통에서 말의 내용은 전체 맥락 중 7%만 전달할 뿐, 나머지 93%는 태도(몸짓, 억양, 속도 등)에 묻어 나온다. 몸의 이야기, 마음을 듣는 연습으로 즐겁게 함께 할 수 있다.

비폭력 대화 - 욕구와 수단

활동 제목 : '돈'이라는 수단에 대한 탐구

1. 내가 아주 많은 돈이 있다고 생각한다. 정말 많은 돈, 계속 새로 생기는 돈 등을 떠올린다.

2. 내가 정말 하고 싶은 것이 무엇인지 20가지를 쓴다.

3. 충분히 쓸 시간을 준다.

4. 20가지로 적은 각각의 항목 뒤에, 그 항목이 어떤 욕구와 연결되어 있는지 적는다.

5. 가장 많이 나온 욕구들 중 혹시 다른 수단을 통해서 이룰 수 있는 것이 있는지 수단을 찾아 적는다.

6. 돌아가면서 알아차린 것을 말한다.

활동 후기에 '돈' 자체에 매몰되어 정작 우리가 원하는 삶의 힘을 잃고 있지는 않은지 돌아보게 되었다고 적은 선생님이 있었다. 그 선생님은 자기 방에서 멋진 음악을 들으면서 편안한 의자에 앉아 재미있는 소설책 보고 편안히 쉬겠다는 항목을 적고 나서, 내 방에서 편안히 쉬는 것은 돈이 많지 않아도 당장 할 수 있는 것이었는데 알 수 없는 강박감으로 제대로 쉬지 못했다는 것을 알아차렸다고 하였다. 자신이 편안하게 쉴 수 있는 시간과 공간조차 '돈'이라는 수단에 사로잡혀 있었다는 후기를 들으며, 어쩌면 우리는 꽤 많은 것들을 다양한 수단에 담보로 잡혀 있는 것이 아닌가 생각이 들었다.

비폭력 대화 - 부탁

1. 활동을 시작하면서 자신에게 가장 중요한 '욕구' 단어를 하나씩 든다.

2. 진행자가 먼저 일어나 자신의 의자를 치우고 서클의 가운데 욕구 단어를 들고 선다.

3. '얘들아, 나는 ○○○(들고 있는 욕구 단어) 욕구가 중요해. 어떻게 이룰지 말해 줄래?'라고 말한다.

4. 서클에 앉아 있는 사람들이 생각나는 아이디어들을 진행자에게 차례로 말해 준다. 진행자는 그중에 한 의견을 고른다.

5. "고마워 친구들아~. 나는 ○○○의 의견을 고를게~" 하며 선택한 의견을 이야기한 친구와 자리를 바꾼다.

6. 가운데에 서게 된 사람이 새로운 진행자가 된다.

7. 같은 방식으로 돌아가며 모두가 한 번씩 자신의 욕구를 이루기 위한 구체적인 방법을 하나씩 생각해 볼 기회를 갖는다.

놀이처럼 편한 마음으로 부탁하기를 연습할 수 있었다는 후기가 있었다. 평소 부탁하기를 어렵게 생각했던 선생님이라면 좋은 연습이 될 것이다.

비폭력 대화 - 공감

1. A가 2분 동안 최근 겪은 일 중 마음에 남는 일을 이야기한다. B가 듣는다.
2. 1분간 침묵의 시간을 갖는다. B는 A의 열망과 마음을 설명할 만한 단어를 마음속에서 찾는다.
3. B는 A에게 단어나 구절로 말한다. '시원함', '뿌듯함', '간절했나 봐요' 등 단어나 구절로 말한다.
4. 반영 후 1분간 침묵한다.

대화하면서 말을 많이 하지 않아도 된다. 단어로 말해도, 사이사이 흐르는 침묵도 대화이고 훌륭한 공감이 된다. 내 마음에서 떠오르는 것을 더 알아차리고 말하는 것, 상대방의 가슴에서 흘러나오는 것을 알아차리고 반영하는 것이 비폭력 대화의 자연스러운 사용에 도움이 된다.

'화' 알아차리기 활동 사례

1. 화가 날 때 화의 원인이 되는 생각(적 이미지, 판단) 등을 찾아 왼쪽 칸에 적
   는다. 오른쪽 칸에는 강요의 말로 바꿔 본다. 강요로 바꾼 말은 핵심 신념과
   연결된다.

화의 원인 - 적 이미지	강요로 바꾸기(신념과 연결됨)
· 남 탓하는 사람이야. · 불평이 많은 사람이야.	· 함께 일을 할 때는 공동체를 우선으로 생각해야 해. · 배려해야 해.
화의 원인 - 판단(옳고/그름)	**강요로 바꾸기(신념과 연결됨)**
· 선생님 지시에 따르지 않는 것은 옳지 않다. · 선생님을 무시하는 것은 옳지 않다. · 타인에게 피해를 주는 것은 옳지 않다. · 수업 방해는 옳지 않다.	· 겸손하고 공손한 태도를 보여야 해. · 배려해야 해.

2. 강요된 신념(내 가치)을 선택한 다음, 표현으로 바꿔 본다.

  '나는 (함께 일할 때 공동체를 먼저 배려하는 것)을 중요하게 생각
해요'

3. 다른 사람에게 비난을 쏟을 때와 내 가치를 선택한 표현으로 바꿨을 때, 두 장면에서 내 감정이 어떻게 달라지는지 확인해 본다.

내 의식		주요 감정	감정 표현
다른 사람에게 비난을 쏟을 때	정말 갑질이 심한 사람이야.	화	그래서 화가 났어요.
내 가치를 선택했을 때	나는 (배려, 공동체를 우선으로, 공손한 태도)를 중요하게 생각해요.	아쉬움, 섭섭함	그래서 아쉬웠어요.

화는 내가 정말 중요하게 생각하는 신념의 발현이다. 다른 사람을 향한 비난, 나 자신을 향한 비난, 모든 불평 불만으로 표현되는 화가 어디서 오는지 잘 살피고 나를 이해하는 시간으로 삼는다면, 화는 내가 원하는 방향으로 살아갈 수 있도록 하는 중요한 신호로 작용한다. 화 알아차림 활동에 참여한 선생님들은 '내가 무엇을 가장 중요하게 생각하는 사람인지 알았다', '나는 그동안 화가 나는 것을 숨겨 왔다. 그러나 이제 화 아래에 있는 내 진심을 전하고 협력받는 방법을 알게 되었다. 나를 보살 필 방법 하나를 알았다', '화가 났을 때 천천히 심호흡하며 나를 가라앉힐 방법 하나를 알았다' 등의 소감을 말하였다.

소진된 '나' 알아 주기 활동 사례

활동 방법 :

① 우선 혼자 끝까지 작성한다.

② 2명이 짝지어 상대방이 작성한 3번을 읽고, 4번의 질문을 한다.

1. 핵심 신념과 신념에 따라 행동하는 것 찾기

내가 싫어하는 행동(2개)	핵심 신념(2개)	신념에 의해 행동하는 것
· 공격적인 사람 · 갑질하는(지배하는) 사람 · 조직적(악의적)으로 힘을 행사하는 사람	· 나는 공정하고 평등하게 사는 것이 중요해. · 서로 존중하고 존중받는 것이 중요해.	· 학교 폭력 사안에서 가해 관련 학생들을 싫어한다. · 학교 일을 하면서 모든 사람의 의견을 수렴하기 위해 애쓴다.

2. 내 신념 적어 보기

- 나는 공정하고 평등하게 사는 것이 중요해.
- 서로 존중하는 관계가 중요해.

3. 내 신념에게 공감과 감사하기(2번 반영)

- 고맙습니다. 덕분에,
  (특히 학생들에게 좋은 영향력을 끼쳤어요)를 얻었어요.
- 고맙습니다. 덕분에,
  (당신이 다른 사람들과 평화롭게 소통할 수 있는 시간)을 얻었어요.

4. 제안

- 혹시 스스로 소진이 될 때까지 그것을 추구하고 있나요? 네
- 소진될 때까지 하는 행동을 조금 다르게 할 마음이 있나요? 네
- 어떤 '바람'을 선택하고 싶으신가요? (욕구 단어 중 선택) 자기 돌봄
- 어떤 부분을 다르게 하고 싶나요? (구체적 행동으로)
  내가 구성원의 모든 의견을 수렴하지 못하는 것을 스스로 비난하지 않고 수용하기
- 그러면 몸과 마음이 어떨 것 같으세요? 충분히 그 상태에 머물러 봅니다.
  업무 처리를 하면서 마음이 편할 것 같다.

소진은 무언가를 끝없이 추구할 때 일어난다. 나를 끝도 없이 밀어 대는 신념이 있다. 그 신념은 살아가기 위해 나를 돕고 있는 힘이다. 다만, 상처로 인해 생긴 신념이기에 막연한 목표와 기준으로 쉼 없이 작용하여 소진을 일으킨다. 소진을 일으키는 이 신념을 찾아 공감과 감사로 수용하면 조금씩 긴장 상태가 풀리면서 안전감을 느끼게 된다. 그러면서 삶의 균형감을 찾을 수 있다. 어떤 선생님은 일종의 강박처럼 깨끗하게 잘 정돈하기, 업무 마무리 확실하게 하기로 끝없이 자신을 소진시키고 있었는데, 그 아래에는 형편없고 누추해 보이면 안 된다는 상처가 있었다. 공감으로 그 상처를 수용하고 이제는 나를 돌보면서 해도 된다고 인식한 후 생활 속에서 조금씩 변화가 찾아왔다고 말하였다.

내면 갈등 알아차리기 활동 사례

1. 내면에 갈등을 느꼈던 자신의 사례를 적는다.

대학교 4학년 5월, 대학원 연구실에서 조교처럼 연구를 돕다가 대학원에 진학하기로 했다. 나는 비사범대 전공이어서 언니의 권유로 교직 이수를 했고, 마지막 과목인 교생 실습에 참여하게 되었다. 한 달 동안 교생 실습에 참여하면서 나는 '선생님'이라는 단어가 참 좋았고, 임용 고시를 볼까 하는 마음이 들면서 대학원 졸업 이후 사업을 시작하려던 마음과 내면 갈등이 시작되었다.

2. 양쪽의 마음을 모두 공감하며 적어 본다. 두 마음 모두 깊이 느껴 본다.

생각해 볼 것	두 마음	
갈등하는 일	대학원 졸업 후 사업을 할까?	임용 고시를 볼까?
마음속 깊은 목적, 욕구(필요)	· 도전과 성취, 열정을 느끼고 싶다. · 전문성을 갖추고 싶다. · 젊었을 때 고생하더라도 물질적인 안정을 누리고 싶다. · 다양한 분야의 인맥으로 소통과 교류의 즐거움을 느끼고 싶다.	· 학생들과 즐거움을 느끼며 살고 싶다. · 가르침의 뿌듯함으로 풍요로운 마음으로 살고 싶다. · 안정적인 생활로 내 아이들을 따뜻하게 키우고 싶다.
이름 붙이기	(　열정　) 주미	(　따뜻한　) 주미
그 이름이 진심으로 추구하는 것	힘찬 에너지로 살고 싶은 마음	사랑으로 연결된 풍요로움

활동 방법 :

2명이 짝을 지어 한 사람의 사례를 공유한다. 이야기할 사람에게 상대방이 아래 질문을 한다. 상대방은 왜 당사자가 그토록 그것을 원했는지 충분히 이야기를 공감으로 들어 준다. 그 속에서 당사자의 진정한 삶의 욕구를 발견해 준다.

질문 :
그것이 너의 삶에 그렇게 중요한 이유가 뭐야?
그렇게 생각한 이유가 있어?
그런 생각을 하게 된 계기나 경험이 있는 거야?
그 삶에서 가장 만족스러운 게 무엇일 것 같아?

내면 갈등은 양쪽의 생각이 팽팽하게 줄다리기 하고 있는 상태다. 이런 상황에서는 어느 한쪽의 결정도 충분히 숙고할 겨를 없이 다른 쪽 생각이 끼어든다. 장단점을 비교하고 가늠하는 생각들 사이에서 어느 한쪽도 선택하지 못하는 상태다. 이런 경우는 차례로 각각의 결정을 충분히 마음으로 만난다. 생각 차원에서 만나는 것이 아니라, 정말 내가 그 상황에 있다고 생각하면서 마음으로 그 에너지를 느껴 본다. 위 사례에서 열정 주미와 따뜻한 주미를 차례로 모두 만나 보는 것이다. 그러다 보면 모두를 통합한 창의적인 다른 방법이 떠오르기도 한다. 그러고 보니, 지금 나는 따뜻한 열정으로 내면 갈등 속에서 만났던 에너지들을 통합하며 살아가고 있는 사람이 된 것도 같다.

이 활동에서 핵심은 화가 난 자신, 소진된 자신, 갈등에 휩싸인 자신을 비난하거나 통제하는 대상으로 여기지 않고, 있는 그대로 수용하고 인정하고 안아 주는 것이다. 화를 내기까지, 소진될 때까지, 내면 갈등을 일으키기까지 내가 중요하게 생각했던 신념, 그때의 내 감정과 필요 모두를 찾고 그 힘에 감사하는 마음으로 공감한다. 이 신념, 감정, 필요는 모두 지금까지 나를 이끌어 주었던 힘이다. 그것을 비난하지 않는다. 고맙다, 감사하다, 덕분에 여기까지 왔다고 평화적으로 대한다. 그러다 보면 결국 이 감정은 안심을 하고 차분하게 가라앉는다.

그다음, 화를 내지 않고 일을 해결하고 싶었던 나, 소진되지 않고 힘을 채우면서 일하고 싶은 나, 내면의 갈등 속에서 또 다른 마음을 가진 나를 아주 깊이 따뜻하게 수용하고 공감하면서 알아 준다. 그러면 두 마음이 통합되어 지금을 다시 살아갈 수 있게 된다.

4장에서 우리는 서로에게 생각보다 아주 큰 영향을 끼치는 존재들이라는 것을 알면 좋겠다. 불교 용어 중 인드라망이라는 단어가 있다. 세상 모든 존재들은 한없이 넓고 큰 그물에 구슬처럼 연결되어 있고, 그 구슬들은 서로 거울처럼 비춰 준다고 한다. 서로 이웃해 의지하면서 존재한다는 의미다. 그물같이 따뜻한 공동체를 만들고, 그 안에서 서로 맑게 비추며 회복되는 교사가 되기를 소망한다.

5장

철학으로 회복하기

있는 그대로 바라본다.
가장 뜨거운 사랑은
바라보는 일이다.

교육은 영향력이다

　한 학기 국어 수업 후 5개 학급 학생들에게 수업 평가를 받았다. 가장 인상적이었던 수업이 무엇이었냐는 물음에 다른 반들은 비슷하게 활동 수업을 꼽았다. 그런데 한 학급에서만 특별한 한 가지 이야기가 많이 나왔다.

　그 학급에 수업하러 들어갔을 때, 반장과 도서부 학생이 말싸움을 하고 있었다. 반장은 주변에 친구들이 많고 자유분방하며 힘을 과시하는 성격이었고, 도서부 아이는 유난스러우리만큼 원칙을 강조하며 다부지게 말하는 성격이었다. 그런데 수업이 있기 전 점심시간에 반장 아이가 도서관에서 친구들과 장난을 치고 떠들었던 것 같다. 도서부 학생이 "야! 너 도서관에서 조용히 해" 하고 크게 말해서 이목이 집중된 반장 학생은 자존심이 상했다.

　그때부터 국어 수업을 할 때까지 반장 학생은 큰 소리로 도서부 아이를 공개적으로 비난하는 말을 했고, 도서부 아이는 꿈쩍하지 않고 "너가 잘못했잖아!" 말하고 있었다. 이를 본 주변 아이들은 심상치 않은 반장의 화에 섣불리 싸움을 말리지 못하고 긴장하는 상태였다.

국어 수업에 들어갔을 때, 싸움이 일어날 것 같은 긴장감이 있었다. '그냥 조용히 시키고 수업을 시작할까?', '누구의 편도 들기가 힘들어 난처하네' 하는 여러 가지 생각이 들었지만, 주변 아이들 모두 경직된 채여서 수업을 시작할 수가 없었다. 그래서 중재를 시작했다. 양쪽 아이들 이야기 경청하고 반영하기, 서로 상처받은 마음 드러내기, 진정으로 원하는 것 공유하기, 상대방 마음 중 어려웠던 점 공감하기를 하였다.

반장 학생은 도서관에서 후배들이 다 있는데 부끄럽고 자존심이 상한 마음을 알아주길 바랐고, 다음에는 다가와서 조용히 말해 주면 좋겠다는 부탁을 했다. 도서부 아이는 너무 크게 말한 점을 사과했고, 최근 도서관에서 시끄럽게 노는 아이들이 있어 고민이 많았고 도서관에서 조용히 해 줬으면 좋겠다는 부탁을 했다. 15분 정도 중재를 하고, 바로 수업을 진행했다.

그런데 그 학급 학생들이 이때를 국어 전체 수업 중 가장 인상적인 수업으로 꼽은 것이었다. 학생들에게는 꽤 심각한 갈등이었는데, 국어 선생님이 대화로 15분 만에 해결한 것이 신기했고, 그런 중재 모습을 직접 본 것도 큰 배움이 되었다고 하였다. 한편으로는 국어 수업을 준비하고 실천한 것보다 중재를 더 크게 기억하고 있는 것이 섭섭한 생각이 들기도 했는데, 나를 가르쳐 주신 은사님들을 한 분씩 떠올려 보니, 나도 그분들이 가르쳐 준 학습 내용은 지금 하나도 기억나지 않는다. 오히려 그분들이 했던 행동과 태도들이 지금까지 기억난다.

학생들의 성적에 민감하게 반응하며 학급 교실에서 등수대로 앉혔던 선생님, 피곤하다며 수업은 일찍 끝내고 학생더러 어깨를 주무르라고 했던 선생님, 무슨 일만 있으면 화를 불같이 냈던 선생님…. 반면, 우리를 위해 하나하나 세심하게 챙겨 주셨던 선생님, 학급 전체가 잘 어울릴 수 있도록 학급 행사를 진행해 준 선생님도 있었다.

나 역시 은사님의 태도와 마음가짐만 기억하고 있었다. 그런 태도들이 우리 삶에 '나는 저렇게 하지 말아야지' 혹은 '나도 저런 마음을 잘 실천해야겠어' 하는 마음으로 영향을 끼치고 있지는 않나 생각하게 된다.

졸업한 지 오랜 시간이 지나 성인이 된 학생이 찾아와 이런 이야기를 할 때가 있었다.

"선생님이 무엇을 중요하게 생각하고 가리키며 사시는지 알아요."

가르친다고 표현하지 않고 '가리키다'라고 표현하였다. 내 행동과 태도가 이미 내가 추구하는 삶의 방향과 가치를 보여 주고 있다는 말이었다.

이런 생각을 하고부터 더 큰 책임과 무게를 느끼게 된다. 나는 교직을 어떻게 대하고 있었나, 학생을 어떤 대상으로 보고 있었나, 나는 어떻게 삶을 살고 싶은가 하는 질문들이 꼬리를 물고 따라온다. 문득 부끄러운 생각이 든다.

하지만 친절한 교사, 수업을 잘하는 교사, 업무를 잘 처리하는 교사 등 이상적인 교사의 모습을 갖고, 그 모습에 부합하도록 나를 끼워 맞추며 사는 것이 맞을까? 이런 삶도 자기 부정과 자기 비난의 삶에 빠져들기 쉽다. 그런 이미지에서 벗어나 내가 나 자신과, 주변 사람들과, 내 삶과 어떤 관계를 맺으며 살아가고 있는지를 먼저 살펴보길 바란다.

나 자신과 맺는 관계가 그대로 다른 사람과의 관계에 거울처럼 투영된다. 나 자신을 비난하고 재촉하고 몰아붙이는 사람은 그 기준으로 다른 사람을 본다. 수업 시간에 계속 누워 있는 학생에게 '또 그냥 누워 버리는구나. 게으르다. 예의가 없네' 하는 시선을 가진다면 '무슨 일이 있나? 왜 그럴까?' 하는 따뜻한 호기심의 눈으로 보지 못한다. 물론 나 역시 강한 감정에 휘말릴 때는 그것이 잘 되지 않는다. 단지, 그 마음을 그대로 수용하면서 다시 회복하려고 노력한다.

6개월 동안 매주 한 번씩 호스피스 병동으로 목욕 봉사, 발 마사지 봉사를 다닌 적이 있다. 그곳에서 나는 '어떻게 살아야 하는가'에 대해 많은 것을 배울 수 있었는데 특히, 호스피스 병동에 있는 환자들은 가장 많은 시간을 '관계 회복'에 두고 있었다. 오랫동안 말을 하지 않고 지낸 큰아들과 절대 화해하지 않겠다며 완강했던 한 환자는 호스피스 팀장이 '미안해요', '고마워요'라는 단어를 넣어 설득을 하니 눈물을 보였다. 그리고 그다음 주에 자기를 찾아온 큰아들과 화해를 하고 한결 편안하고 순해진 모습으로 지냈는데, 한 주 후에 돌아가셨다.

평생 아내 속을 썩였던 할아버지가 암으로 투병 중 섬망 증세로 헛소리를 하면서 아내 이름인 '윤희야, 윤희야'를 부른다. 그랬더니 옆에서 윤희 할머니가 '안 아팠을 때나 잘하지, 이 양반 나한테 미안해서 이래요' 한다. 죽음 앞에서 아내에게 미안한 마음을 섬망으로 표현하는 할아버지와 그 마음을 다 알아 주는 할머니 모습에 감동을 받기도 했다.

호스피스 병동에 있는 환자들이 그다음으로 하는 일은 '세상에 남아 있는 사람들 축복하기'다.

초등학생과 중학생 자녀를 두고 세상을 뜰 준비를 하는 엄마 환자는 매주 힘겨운 고통과 사투하는 중에도 '편지 쓰기'와 '동영상 남기기'에 여념이 없다. 아이들이 매해 생일마다 받을 수 있도록 편지를 적는 일이 큰 통증을 견디는 사람에게는 어려운 일이다. 엄마는 말기 암 환자여서 마약성 진통제를 맞으면서도 다스려지지 않는 통증에 온몸이 붓고 앉을 수도 없는 상태였다. 엄마가 힘겹게 말을 이어 나가면 봉사자들이 말을 받아 적으면서 편지로 남겼다. 비슷한 상황의 어떤 분은 친한 친구들에게, 교회 공동체 사람들에게 마지막으로 남길 말들을 적는다.

그렇게 고통스러운 상황에서도 젊은 자원 봉사자인 나를 위해 축복의 말을 건네 주었다. 마른 입술로 힘겹게 한마디 한마디 오랜 공을 들여서 나에게 '어쩌다 이 봉사를 하는지 모르겠지만, 정말 좋은 일을 해 주어 감사해요. 축복해요' 말할 때는 사람의 말 한마디가 얼마나 큰 위로와 힘과 격려가 되는지 감동을 느끼곤 했다.

또 호스피스 환자들이 많이 하는 일은 '오늘을 행복하게 지내기'이다. 25세쯤 된 젊은 여자가 유방암으로 투병하면서 매일매일 감사 일기를 적는다. '오늘 목욕 봉사자들 덕분에 목욕을 했고 아주 시원했다. 감사하다', '오늘 나에게 예쁘다고 해 준 의사 선생님이 계시다. 감사하다', '약물 부작용으로 살이 20kg가 찐 모습이지만 그래도 오늘 살아 있어서 감사하다', '오늘 점심으로 짜장면이 나와서 오랜만에 감사하게 먹었다', '햇살이 창가로 들어와 반짝거린다. 그것을 볼 수 있어서 감사하다'고 썼다.

환자가 잠깐 몸이 괜찮을 때는 발 마사지를 해 주기도 하는데, 아주 좋은 고급 오일로 자원 봉사자들이 발 마사지를 해 주면 무척 고마워했다. 향기도 맡고 이런저런 이야기를 하며 아주 느긋하게 향기로운 오후를 음미하며 지낸다. 그중엔 교수였던 분도 있고, 시장에서 장사하던 아주머니, 아주 멋진 성당을 설계하셨던 건축가도 있었는데, 병동에 누워 있다 갈 때는 모두 비슷한 모습으로 가신다. 삶에서 무엇을 이뤘는지, 뭐가 그렇게 되고 싶었는지 하는 것은 아무 의미가 없어지고, 그저 냇가에 핀 들꽃처럼 계절 따라 피고 지며 자연의 섭리 속에 있는 한 생명체였다는 것이 오롯하게 느껴진다.

6개월간의 짧은 봉사였지만 못나 보이고 무언가 부족한 듯이 느껴지던 나와 내 삶을 조금은 환영하고 사랑하게 되었다. 그저 피어 있는 작은 꽃처럼 다른 생명들과 조화롭게 어울려 바람도 만나고 바위도 만나고 비도 맞는 것이 삶이라고 느꼈다. 그리고 그 속에서 살아가는 나 자신을 진심으로 아끼고 사랑하게 되었다.

그러고 나니 미워하던 사람들을 자비로운 마음으로 바라보게 되었다. '그들도 사느라 애쓰고 있구나', '지금 많이 힘들어서 그렇구나' 하는 인간적인 눈으로 보게 되었고, 이제는 주의를 기울여 그들의 이야기를 있는 그대로 듣는다.

내 마음을 표현하는 것도 좀 편해졌다. 학교 폭력 사안을 처리하는 부장이지만, 학생들과 부모들에게 내 마음을 편하게 표현한다. 섭섭함과 어려움과 힘겨움을 솔직하게 표현하는 것이다. 옆에서 학교 폭력 업무를 함께 담당하는 새로 온 선생님이 들을 것은 다 듣고, 할 말도 다 한다며 내가 말하는 법을 배우고 싶다고 하였다.

그렇게 온전히 나 자신으로 살아가면, 학생들이 보고 배우지 않을까? 나는 그것을 '가르친다', '가리킨다'고 표현하기보다 '영향을 받는다'고 말하고 싶다. 교사가 우선 자신을 사랑하고 공감하면서 따뜻한 호기심으로 다른 사람과 상황을 맞이하면 그 태도가 주변에 환한 영향력을 끼치게 될 것이다. 그래서 교육은 자연스럽게 끼쳐지는 영향력이다.

애쓰지 않고 일하기

올해 나는 신규 선생님과 함께 학교 폭력 업무를 담당하고 있다. 학교 폭력 업무 담당자는 사안과 관련한 진술서, 보호자 의견서, 동의서 등 자료 정리와 공문 처리 등 할 일이 무척 많다. 어느 날 신규 선생님이 올린 공문을 내가 결재를 해서 교감 선생님에게 올라갔는데, 교감 선생님이 잘못된 부분을 발견하고 신규 선생님에게 다시 고쳐서 상신하라는 전화를 하였다. 신규 선생님은 너무 부끄러워하면서 공문을 다시 상신했다. 중간에서 결재한 나는 신규 선생님이니까 당연히 실수할 수 있고, 나도 틀린 부분을 당연히 못 볼 수 있다고 생각했다. 신규 선생님에게 "아이쿠, 내가 그 부분을 못 봤네요. 미안해요, 선생님" 하고 사과를 했다. 그 과정에서 부끄럽거나 민망하지는 않았다.

그 후 신규 선생님은 공문을 올릴 때마다 재차, 삼차 검토하고 확인을 하는 모습을 보였다. 안 그래도 업무가 바쁘고 사안 처리도 많은데 '이제 공문을 절대 틀리면 안 돼', '실수하면 안 돼' 하는 마음까지 얹어져서 애쓰면서 일하는 모습을 보게 되었다.

그런 마음을 '지향하는 마음'이라고 해보겠다. 지향하는 마음은 '이 것을 잘 해내야 해, 실수하면 안 돼, 기한 내에 빨리 해야 해, 잘못하면 나를 일을 잘 못하는 사람으로 알게 될 거야' 등과 같은 마음이다. 나는 이런 지향하는 마음이 없다. 대충한다는 말이 아니고, 공문에 지정된 일들을 잘 살펴서 하되 그 마음뿐이다. 걱정하는 마음이나 불평하는 마음, 힘들게 느껴지는 마음 같은 것이 없다.

공문이 잘못되어 교감 선생님의 전화가 오면 '죄송합니다, 교감 선생님. 다시 할게요'가 끝이다. 나 스스로에게 '경력이 몇 년인데 이걸 틀려?' 하는 생각도 없다. 이런 생각이 찾아오면 '아, 내가 이런 생각을 했구나' 하고 돌보고 끝낸다. 혹시라도 교감 선생님은 나를 일을 잘 못하는 부장이라고 생각할 수도 있지만, 그것은 교감 선생님 생각이다. 내가 영향받고 관여할 부분이 아니고, 실제로 교감 선생님이 그렇게 생각하지도 않는다.

일을 할 때 가끔 정말 하기 싫고 귀찮아질 때가 있다. 그때 마음을 가만히 들여다보면 나는 무척 피곤하여 쉬고 싶은 상태다. 그러면 잠시 일손을 놓고 멍하니 피곤한 마음과 온전하게 함께 있는다. '지금 무척 피곤해하는구나' 하고 온몸 구석구석을 감각하고 천천히 호흡을 한다. 그러다 괜찮아지면, 다시 일을 한다.

선생님은 일할 때 어떤가? 온전히 일과 함께하는가? 혹시 '빨리 하고 집에 가야 하는데 왜 이렇게 일이 많은 거야', '우리 학교에서 내가 제일 일이 많은 것 같아', '내가 무능한가 봐', '이 일을 잘 해내야 해' 등 이런 생각, 상태와 함께 있지는 않은가? 이런 마음과 함께 일한다면 속도가 나지 않고 저항하는 마음이 생겨 일도 잘 되지 않는다.

나는 이런 생각이나 마음이 찾아오면 앞에서 피곤함과 온전하게 같이 있는 것처럼 그 마음을 우선 천천히 관찰의 방식으로 공감한다. 생각보다 오래 걸리지 않는다. 10분이면 된다. 마음이 원하는 것을 포근하게 공감하며 안아 준다. 그리고 나서 다시 일을 한다. 그러면 속도도 훨씬 빨라진다. 이것은 정확한 업무 분장이 이루어진 상태에서 일할 때로, 공평하지 않은 업무 분장에도 일을 자연스럽게 하라는 말은 아니다!

도덕 선생님이 이런 상태를 듣고 노자의 〈도덕경〉에 '애쓰지 말라'는 말이 있다고 하였다. 내 사례로 이해한다면, 애쓰지 말라는 아무것도 하지 말라는 얘기가 아니라 지금 하는 것에 자연스럽게 함께하라는 말이 아닌가 해석한다.

이것은 수업에서도, 가정생활에서도 계속 이어진다. 물론 나도 수업 시간에 할 것을 시간별로 준비해 간다. 그러나 그것을 꼭 정해진 대로 모두 하려고 애쓰지 않는다. 오히려 학생들을 잘 관찰한다. 수업 시간에 학생들에게 질문을 많이 하고 대화도 많이 나눈다. 학생들이 수업의 주제와 관련해서 어떤 생각을 하는지, 무엇이 궁금한지를 더 많이 묻고 나눈다. 그러니 수업 진도도 좀 느린 편이다.

한때 수업 대회에 나가 입상을 해본 적이 있다. 그렇게 계획된 수업에서 학생들이 주제에 대해 어떤 탐색을 했는지, 학생들 간에 무엇을 교류했는지, 학생들과 나는 무엇을 주고받았는지, 학생들이 어디까지 배웠는지를 내가 아는지 생각해 보면 엄청나게 애를 쓴 수업이지만 남은 게 없다는 생각이 많이 들었다.

생활 교육에서도 학생들을 바꾸려고 애쓰지 않는다. 그냥 아이의 이야기를 듣는다. 아이의 입장, 아이의 마음고생, 힘겨움 등을 있는 그대로 이해하며 듣는다. 때로 가해 관련 학생의 이야기는 듣기 힘들 때도 있다. 그러면 그런 내 마음을 공감한다. '아, 내가 정말 여러 번 거짓말하는 것을 싫어하는구나. 진실되게 만나고 싶구나' 하고. 그러면 그 마음을 가해 관련 학생에게 편안하게 말한다.

"난 너랑 진실되게 만나고 싶어. 솔직히 말해 줘. 나도 너를 이해하고 싶고, 나도 이해받고 싶은 마음이야."

오랫동안 마음이 강박하게 닫힌 아이는 내가 이렇게 이야기해도 마음의 문이 한 번에 열리지 않는다. 아이에게 지속적으로 진심이 다가가도록 대화하면서 기다리는 수밖에 없다. 우리가 무슨 수로 극적으로 아이를 한 번에 바꿔 내겠는가? 이건 교사들의 환상이다. 거기에 훌륭한 교사라는 정체성까지 걸고 있으니 학생들을 만나면서 애쓰게 된다.

있는 그대로 바라본다. 지금 무슨 일이 일어나고 있는지, 아이가 무슨 이야기를 하는지, 어떤 마음인지, 나는 지금 어떤지. 그러면 애쓸 때보다 아이를 더 깊이 만날 수 있고, 때로 그 상황에서 내가 해야 할 역할이 분명하게 인식되기도 한다. 그렇게 애쓰지 않고 일하면 좋겠다.

가장 뜨거운 사랑, 바라보기

공감이라는 단어의 영어 표기는 'compassion'이다. 사전을 찾아보면 연민, 동정심이라고 나온다. 연민은 공감과 연관 있어 보이지만, 동정심은 공감과 거리가 멀어 보인다. 다시 'passion'의 뜻을 찾으니 격정, 격노, 울화통이라고 나온다. 뭔가 마음속에서 뜨겁게 올라오는 힘을 말하는 것이 아닌가 싶다. 2004년 개봉한 기독교 영화 제목이 'The passion of Christ'였다. 예수의 고난을 소재로 한 영화인데, 예수의 고난을 'passion'이라고 표현하였다. 'pain'이 아니고 'passion'이다. 예수가 인간의 고통을 보면서 마음속에 뜨겁게 올라오는 힘을 느끼고 구원을 위한 고통을 겪은 것일까?

누군가 어려운 처지에 있는 사람을 봤을 때, 정당하지 못한 일을 봤을 때, 피해 주는 일을 봤을 때 뜨거운 마음이 올라오는데, 그런 마음을 'passion'이라고 하지 않을까 싶다. 'passion' 앞에 'com'이 붙으면 'compassion'이 된다. 'com'은 '함께하는'이라는 뜻이므로, 'compassion' 즉, 공감은 '함께하는 열정'으로 해석할 수 있다.

학생들과 상담할 때 그 이야기를 집중해서 듣다 보면 아이가 겪는 마음이 그대로 마음속에 다가와 뜨거운 감정을 일으킬 때가 있다. 만일 내 머릿속에서 아이의 말을 해석하고 판단하게 되면 조언이나 충고를 하기 쉽다. 그런데 내 판단과 생각을 내려놓고 아이의 말을 있는 그대로 들으면서 하나가 되는 순간이 있다. 슬픈 마음이나 화나는 마음, 속상한 마음, 힘든 마음 등 아이의 마음이 그대로 느껴질 수 있는데, 그때가 'compassion', 공감의 순간이다. 이런 공감의 순간은 내 안이 비워져 있을 때, 그리고 상황이나 상대방을 있는 그대로 바라볼 때 가능하다.

그것을 나는 가장 뜨거운 사랑이라고 생각한다. 내 사고방식, 판단, 가치관 같은 '나를 내려놓기'가 얼마나 어려운가? 그렇게 나를 비우고 누군가를 있는 그대로 바라보고 진정으로 만나는 지점이 '사랑'이 아닐까? 나를 비우는 것은 거의 불가능하지만, '바라본다'는 의미로 받아들일 수 있다.

가톨릭 교회에서는 '관상 기도'라는 것이 있다. 정신을 집중하고 침묵으로 마음의 상을 보며 기도하는 방법으로, 신에게 의지하고 소리 내어 부탁하는 일반적인 기도와 달리 자기 마음의 움직임을 묵묵히 바라보는 기도이다.* 자신의 생각이나 감각, 감정을 있는 그대로 바라보는 기도로 기도 중에 가장 어려운 상위의 기도라고 한다. 신 앞에서 자신의 모든 모습을 바라보며 있는 그대로 이해하고 사랑하는 과정일 것이다.

불교에서는 부처가 보리수 나무 아래에서 깨달음을 얻은 후, 일주일간 눈 한 번 깜박임 없이 보리수 나무를 응시하는 것으로 그 감사를 표현했

---

* 나무위키

다고 한다.* 7일 동안 나무를 바라보면 울퉁불퉁한 나무의 생김새를 구석구석 볼 수 있었을 것이다. 바람에 흔들리는 나무의 모습, 어떤 동물들이 나무 어디에 놀다 가는지, 비 오고 난 뒤 더 푸르러지는 모습 등 정말 자세하게 모습을 알게 되었을 것이다.

누군가 내 모습과 감정, 변화된 모습 하나하나를 깊은 이해의 눈으로 봐 준다면 어떨까? 얼마나 행복할까? '바라본다'는 것은 그만큼 내 모든 주의가 기울여질 때 가능한 일이다. 연습 삼아 한 학생을 며칠 동안 주의 깊게 바라보자. 아침에 학교에 와서 뭘 하는지, 수업 시간에는 얼만큼 따라가고 있는지, 어떤 친구와 무슨 이야기를 나누며 놀고 있는지, 집에 가서는 뭘 하는지 질문도 해본다. 그러면 자연스럽게 그 아이를 아주 잘 알게 될 것이다. 그러면 그 아이를 위해 뭘 해 줘야 할지 애쓰지 않아도 알게 된다.

나 자신도 내가 바라볼 수 있다. 나는 이럴 때 속상해하는구나, 나는 이럴 때 힘들어하는구나, 내가 지금 당황스럽구나 하고. 그렇게 나를 깊이 이해하는 마음으로 나를 바라보면 자연스럽게 나도 돌볼 수 있을 것이다. 그래서 가장 뜨거운 사랑은 바라보는 일이다.

---

* 〈청년 붓다〉, 고미숙

삶의 주도성 갖기

〈당신이 옳다〉(정혜신)에서 공감에 대한 인상 깊은 부분이 있었다. '누군가에게 공감자가 되려면 우선 자신도 돌보고 공감받을 수 있어야 한다'는 것이다. 공감은 마치 지구의 공전과 자전처럼, 타인을 구심점에 두고 집중하지만 자기 중심도 놓치지 않아야 가능하다는 것이다. 내가 공부하는 알아차림에서도 마음의 눈이 있다면 한쪽 눈은 내 내면을 알아차리고 돌보고, 한쪽 눈은 외면을 바라보며 일상을 살아가라고 이야기한다. 그만큼 자기 공감과 돌봄은 매우 중요한 부분이다. 그런데 진정한 의미에서 나 자신을 돌본다는 것은 무엇일까?

나를 힘들게 하는 생각, 감정, 감각을 돌보고 그 순간 어렵고 힘든 감정에서 벗어나는 것일까? 타인의 무례한 행동으로 힘든 마음을 혼자 위로하고 격려하여 배려심을 키우면 될까? 나에게 필요한 욕구를 찾아 나 자신에게 해 주면 되는 일일까? 내 마음을 만족스럽고 행복한 상태로 만드는 일일까?

물론 이 모든 것이 자기를 돌보고 돕는 일인 것은 맞다. 그런데 나는 자기 공감과 돌봄을 통해 삶의 주도성을 가진 사람*이 되면 좋겠다. 외적인 기준으로 자신을 평가하는 가운데 자기 비판을 하거나 혹은 자기 만족적인 태도를 유지하면서, 일시적인 자기 공감과 위로의 기술로 근근이 살아가는 사람들을 만난다. 본질적인 문제는 '외적인 기준'을 가진 내 시각에 있는데, 자기 비판과 자기 만족 사이에서 일시적인 격려로 살아가는 것이다.

때로 세상과 타인이 자기 뜻대로 되지 않아 이를 탓하느라 마음이 조용할 날이 없는 사람들을 만난다. 이런 사람들은 자기 마음을 진정시키기 위해 억지로 세상과 타인을 이해하려 노력하거나, 세상 혹은 타인과 싸우기도 한다. 이마저 자기 뜻대로 이루어지지 않으면 비관하며 우울해한다. 자신의 왜곡된 신념으로 만들어진 자기 안경을 보지 못하고, 이를 자신의 선한 욕구로 합리화하여 그것을 수단으로 삼아 살아간다. 외부의 조건에 따른 행복과 자기 기준을 투영한 세상 바라보기, 결국 바깥에 기준을 두고 그것이 어떻게 나에게 주어지는지에 따라 만족과 불만족 사이에서 살아가는 것이다. 이것은 세상과 다른 사람에게 내 삶의 행복을 의존한다는 이야기나 마찬가지다.

삶의 중심이 단단한 사람은, 외부의 기준에 자기 행복감을 의존하지 않는다. 타인의 평가에 그리 의존하지 않고, 자신을 객관적으로 명료하게 이해한다. 감정이 느껴질 때, 자기 신념이 작동할 때 자기 마음을 이해하고 자신을 돌보고 관리할 수 있다. 동시에 다른 사람들도 저마다의 안경을 쓴 채 살아가고 있다는 것을 이해하고 있기에 타인을 인정하고

---

* 〈홀로서기 심리학〉, 라라 E. 필딩

존중한다. 있는 그대로 자신의 모습을 존중하며 살아간다. '자신이 누구이고, 무엇을 원하며, 어떻게 살고 싶은지' 자신 있고 명확하게 살며, 자신의 행동으로 인한 결과에도 담담하게 책임을 진다.

공감과 돌봄으로 일시적으로 힘든 마음을 위로하며 살아가기보다, '외적인 조건에 흔들리는 나'에서 깨어나 흔들리지 않는 자기 중심으로 '삶의 주도성'을 가지고 살아가는 것이 진정한 회복이다.

연대와 실천의 힘

우리는 무엇을 어디까지 바꿀 수 있을까? 한 사람의 교사로서 바꾸어 낼 수 있는 것과 여럿이 함께 바꾸어 낼 수 있는 것은 분명히 그 범위가 다르다. 지금 우리 사회와 교육은 많은 과제를 안고 있다. 당면한 과제 앞에서 나는 어떤 노력과 실천을 기울이고 있는지 돌아보게 된다.

실천하지 않는 지성은 단지 앎과 지식에 지나지 않는다. 앎을 태도와 행동으로 실천하고 보여 주기는 얼마나 어려운가? 기존의 내 관성을 깨고 새롭게 알게 된 것을 실천하는 것은 중력을 거스르는 것만큼이나 어려운 일일 것이다. 어쩌면 교직이 존경받는 이유는 우리가 가르치는 내용을 실천으로 보여 주는 실천적 직업이기 때문이다. 실천하는 지성은 변화의 원동력이 되고, 학생들에게는 직접적인 교육이 된다.

한 사람이 실천하는 힘은 생각보다 강하고 크다. 마중물이 되고 흐름이 되어 변화를 만들어 간다. 실천은 치유와 회복의 마지막 완성이다. 자신의 치유와 회복을 위해 적극적으로 공감과 돌봄을 실천하면 좋겠다. 그리고 그 안에서 교사로서 소중하게 지켜 나갈 가치를 회복해야 한다.

교육과 사회가 변화되었으면 하는 방향으로 삶의 주도성을 가지고 적극 실천할 때 내면과 외면이 일치하는 회복된 삶을 살아갈 수 있을 것이다.

어제의 내가 오늘의 나에게 주는 용기

격려 수업
격려 수업 워크북

바버라 멘덴홀, 린 로트, 드루 웨스트, 메릴린 켄츠 저 | 김성환 역

새로운 사람처럼 생각하고 느끼고 행동하게 하는 아들러
심리학에 기반한 8주간의 '격려 상담'. '긍정의 훈육' 공동
창시자인 린 로트는 이 책에서 당신이 겪는 문제와 관련된
정보를 찾고 그로부터 그 문제를 해결하도록 돕는다.